さよならブスメイク

自己流メイク卒業マニュアル

GOOD BYE!
BUSU MAKEUP!!

著
すれみ

メイクアップインストラクター
TOMOMI
監修

sanctuary books

はじめまして、
こんにちは
イラストレーターの
すれみと申します
そこそこ
ブスです

SO HAPPY
そこそこ
ブスだけど
毎日楽しく
生きています

普段はツイッターに
「あるあるイラスト」
などを
アップしています
すれみ
あるあるネタとか描いてます！
化粧もたまにします。
○○フォロー中
6.4万フォロワー
ツイート
メディア
いいね
すれみ
・・・
あとは完全な
引きこもりです

ある日、自分のメイクのプロセスをアップしたところビフォーアフターの変化が話題になりバズりました
ブスから普通になる方法
すごい数のいいねとリツイート
↑こんなん
そんなこんなで今回メイクの本を描かせて頂くわけですが
キラキラしたメイク女子からはほど遠いです
テクスチャー…?
マット肌…?
フェミニン…?
?????
キラキラした美容雑誌とは無縁だし
まぶしッ!!
コスメカウンターも怖すぎて近づけません
美の大渋滞…

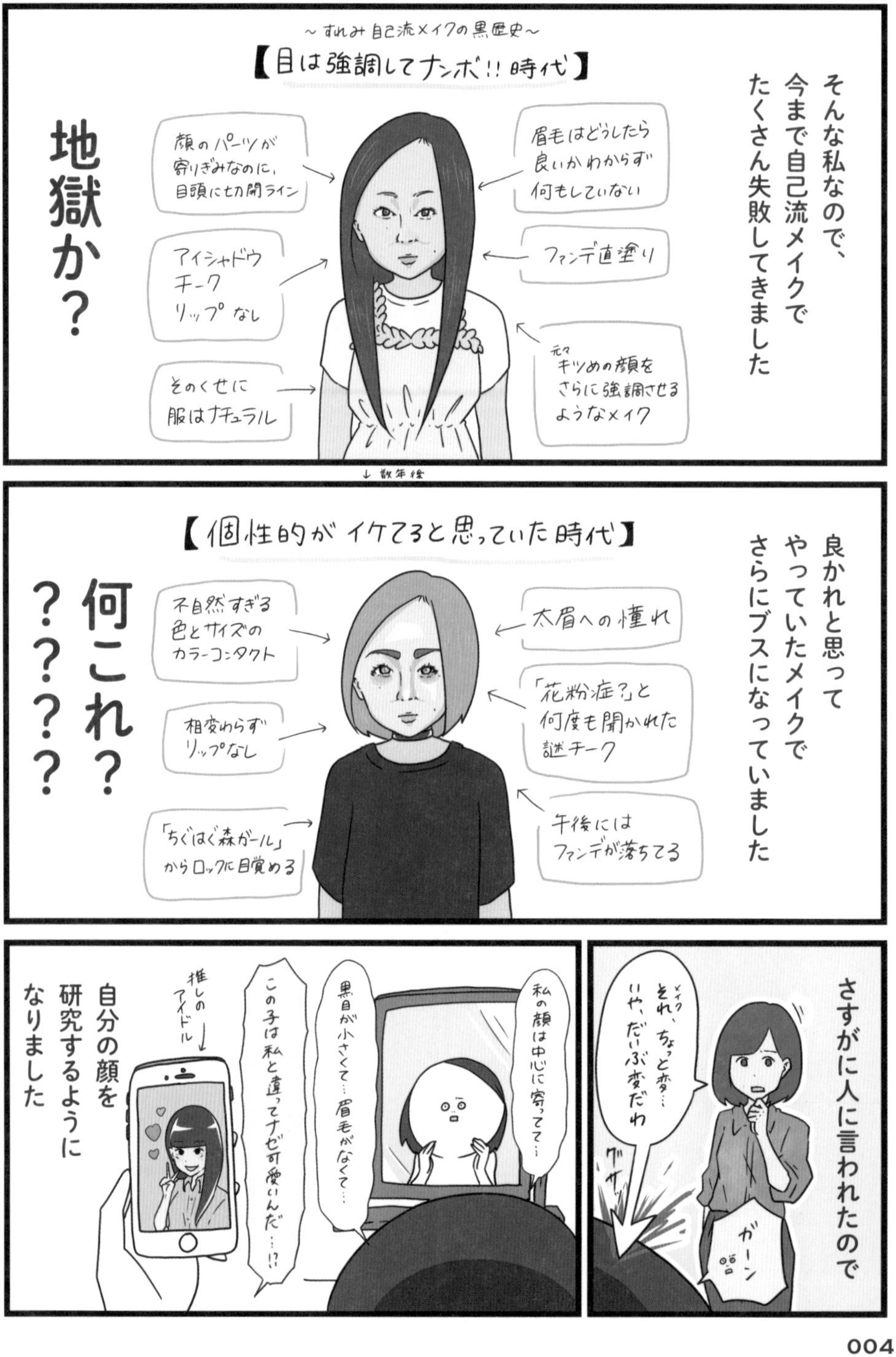
そんな私なので、
今まで自己流メイクで
たくさん失敗してきました
〜すれみ自己流メイクの黒歴史〜
【目は強調してナンボ!! 時代】
眉毛はどうしたら
良いかわからず
何もしていない
ファンデ直塗り
元々キツめの顔を
さらに強調させる
ようなメイク
顔のパーツが
寄りぎみなのに、
目頭に切開ライン
アイシャドウ
チーク
リップ なし
そのくせに
服はナチュラル
地獄か？
↓ 数年後
良かれと思って
やっていたメイクで
さらにブスになっていました
【個性的が イケてると思っていた時代】
太眉への憧れ
「花粉症?」と
何度も聞かれた
謎チーク
午後には
ファンデが落ちてる
不自然すぎる
色とサイズの
カラーコンタクト
相変わらず
リップなし
「ちぐはぐ森ガール」
から ロックに目覚める
何これ？
？？？？？
さすがに人に言われたので
それ《メイク》、ちょっと変…
いや、だいぶ変だわ
グサッ
ガーン
私の顔は中心に寄ってて…
黒目が小さくて… 眉毛がなくて…
この子は私と違ってナゼ可愛いんだ…!?
推しのアイドル
自分の顔を
研究するように
なりました

どうしたらメイクで
普通の顔になれるのかを
試行錯誤して気づいたのは
すれみの目
自分の目は…
・小さい黒目(三白眼)
・中心に寄りぎみ
・左右非対称
・目力がない
なので
必要
・カラーコンタクト
・濃い色のシャドウ
・マスカラ
・目尻のライン
不要
・目頭切開ライン
・涙袋メイク
自分の顔に
「必要なメイク」と
「必要ないメイク」があること
雑誌のキレイなモデルさんの
メイクをマネしたところで
同じになるわけがありません
!?
大事なのは「かわいい人
がやっているメイク」
ではなく
「本当に
自分に合ったメイク」
せっかくメイクしても
自分に合っていなければ
意味がないのです
あの人、もうすこし
こうすれば いいのに…
そして
出た結論

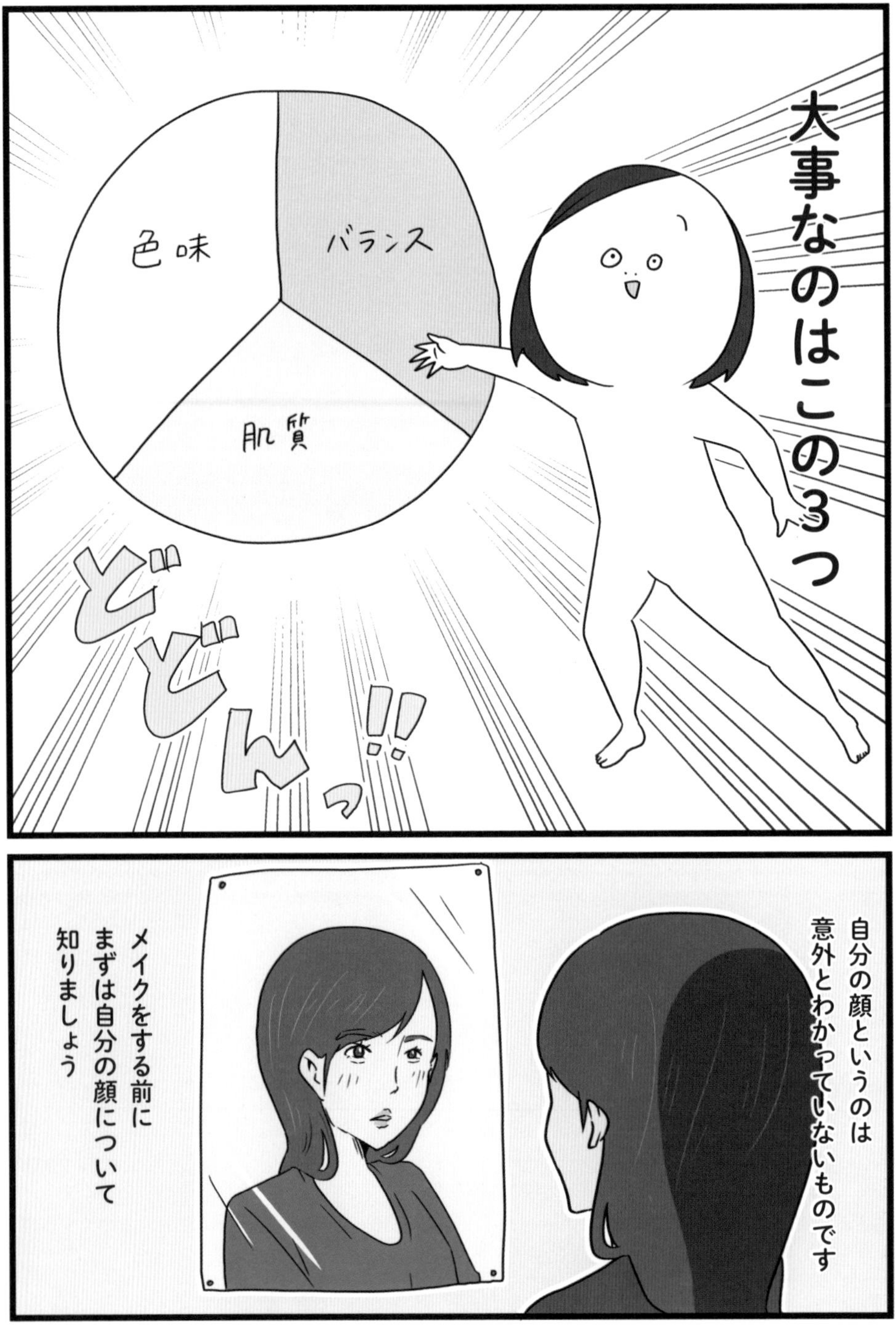
大事なのはこの3つ
色味
バランス
肌質
どどんっ!!
自分の顔というのは
意外とわかっていないものです
メイクをする前に
まずは自分の顔について
知りましょう

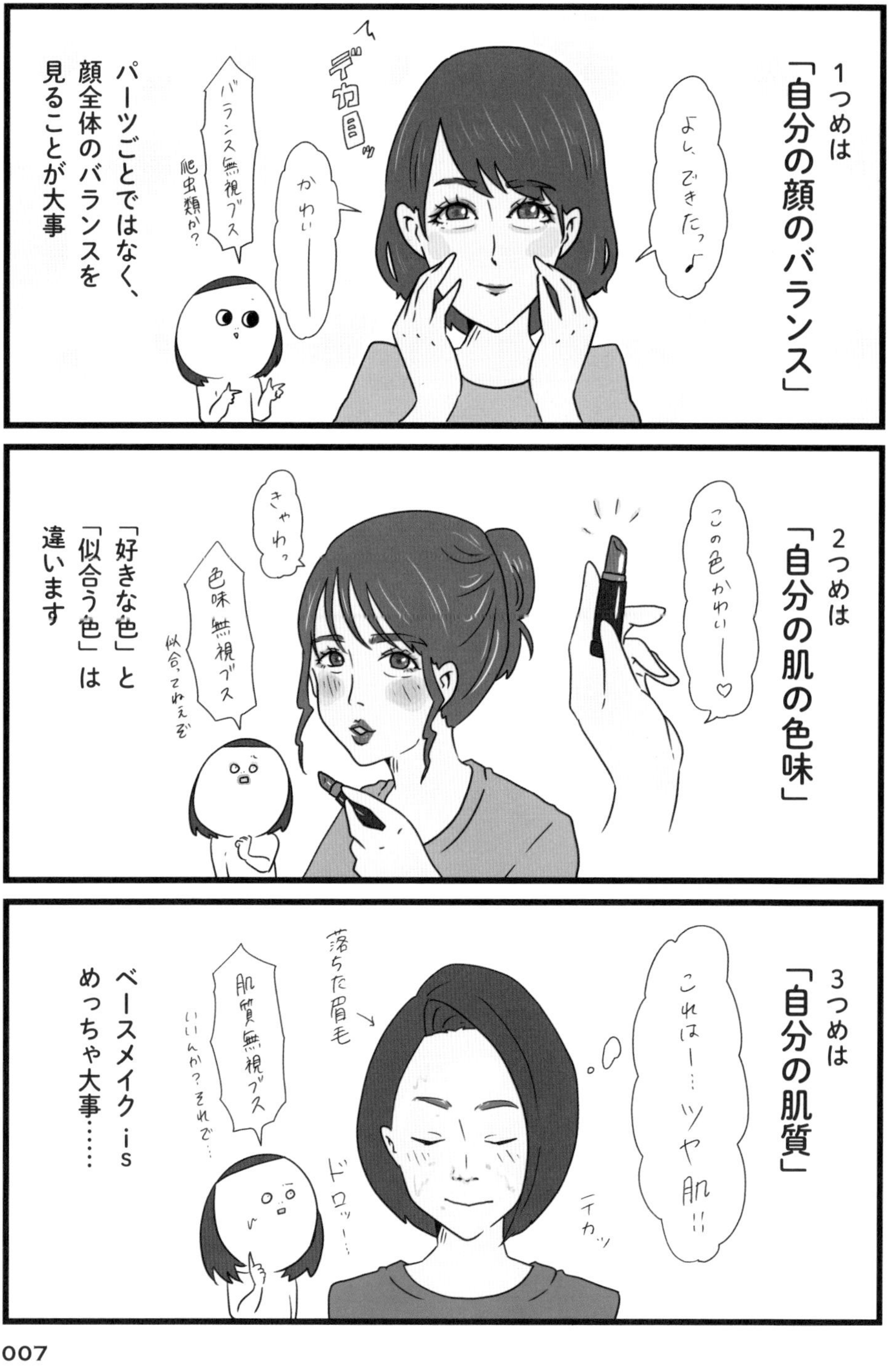
1つめは
「自分の顔のバランス」
よし、できたっ♪
デカ目ッ
かわいーー
バランス無視ブス
爬虫類か？
パーツごとではなく、
顔全体のバランスを
見ることが大事
2つめは
「自分の肌の色味」
この色かわいーー♡
きゃわっ
色味無視ブス
似合ってねえぞ
「好きな色」と
「似合う色」は
違います
3つめは
「自分の肌質」
これはー…ツヤ肌!!
テカッ
ドロッー…
落ちた眉毛
肌質無視ブス
いいんか？それで…
ベースメイク is
めっちゃ大事……

この3つを押さえれば
色味
バランス
肌質
いらん!!
いらん!!
高いコスメやむずかしいテクニックは必要ありません
逆にこの3つを無視してコンプレックスを隠そうとすると
ノーズシャドウでさらにデカ鼻
目尻を延ばしすぎて離れ目
むしろ目立たせてしまったり違和感のある顔になってしまいます
これがブスメイクです
ブスの相乗効果・・・
This is ブスメイク……

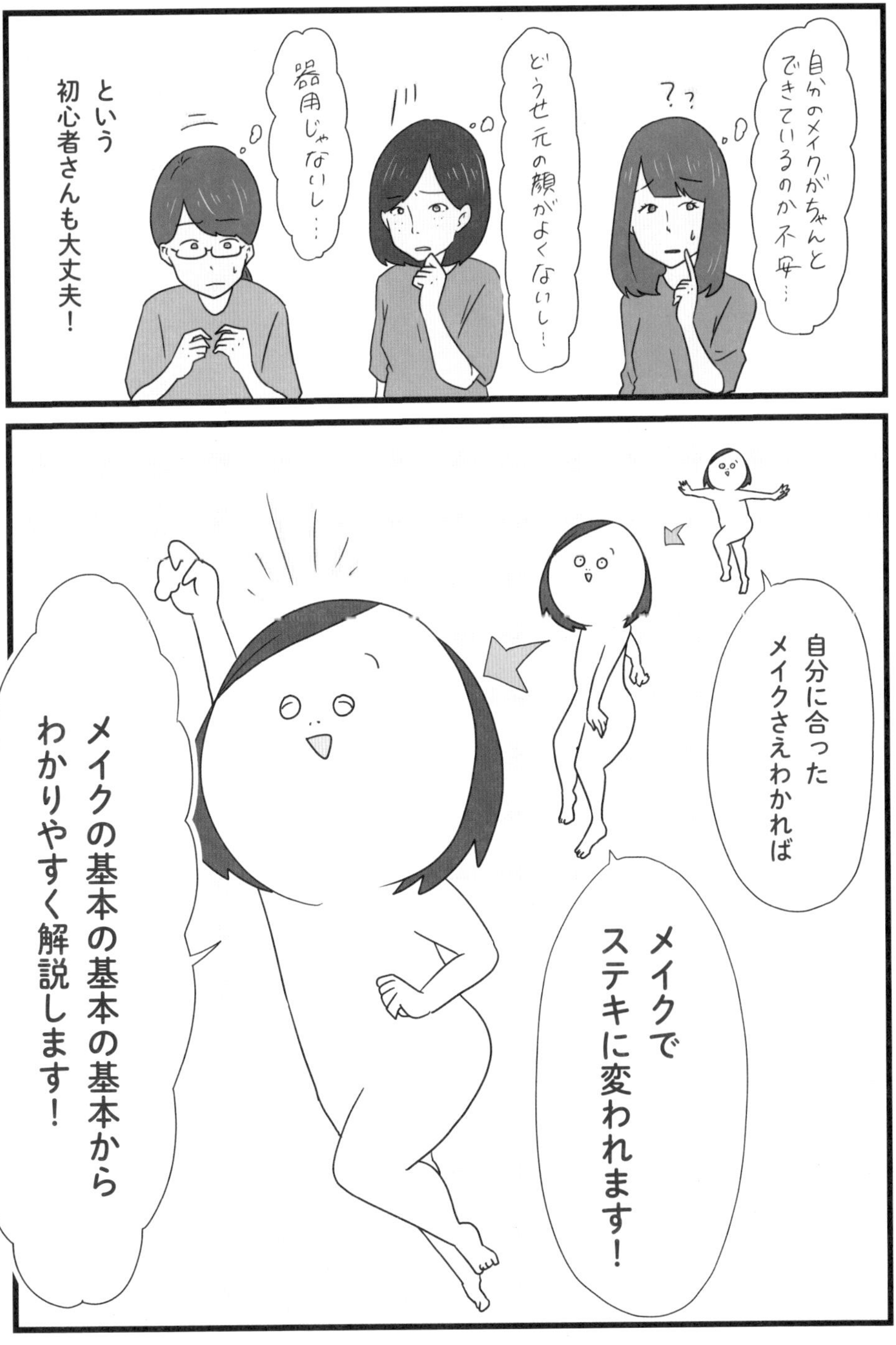
自分のメイクがちゃんとできているのか不安…
どうせ元の顔がよくないし…
器用じゃないし…
という初心者さんも大丈夫！
自分に合ったメイクさえわかれば
メイクでステキに変われます！
メイクの基本の基本の基本からわかりやすく解説します！

CHAPTER 1 メイクの基本を知って、ブスメイクをやめる！

CHAPTER 2 自分の顔のバランスを知って、ブスメイクをやめる！

Contents

Contents

GOOD BYE!
BUSU MAKEUP!!

CHAPTER 1

メイクの基本を知って、ブスメイクをやめる！

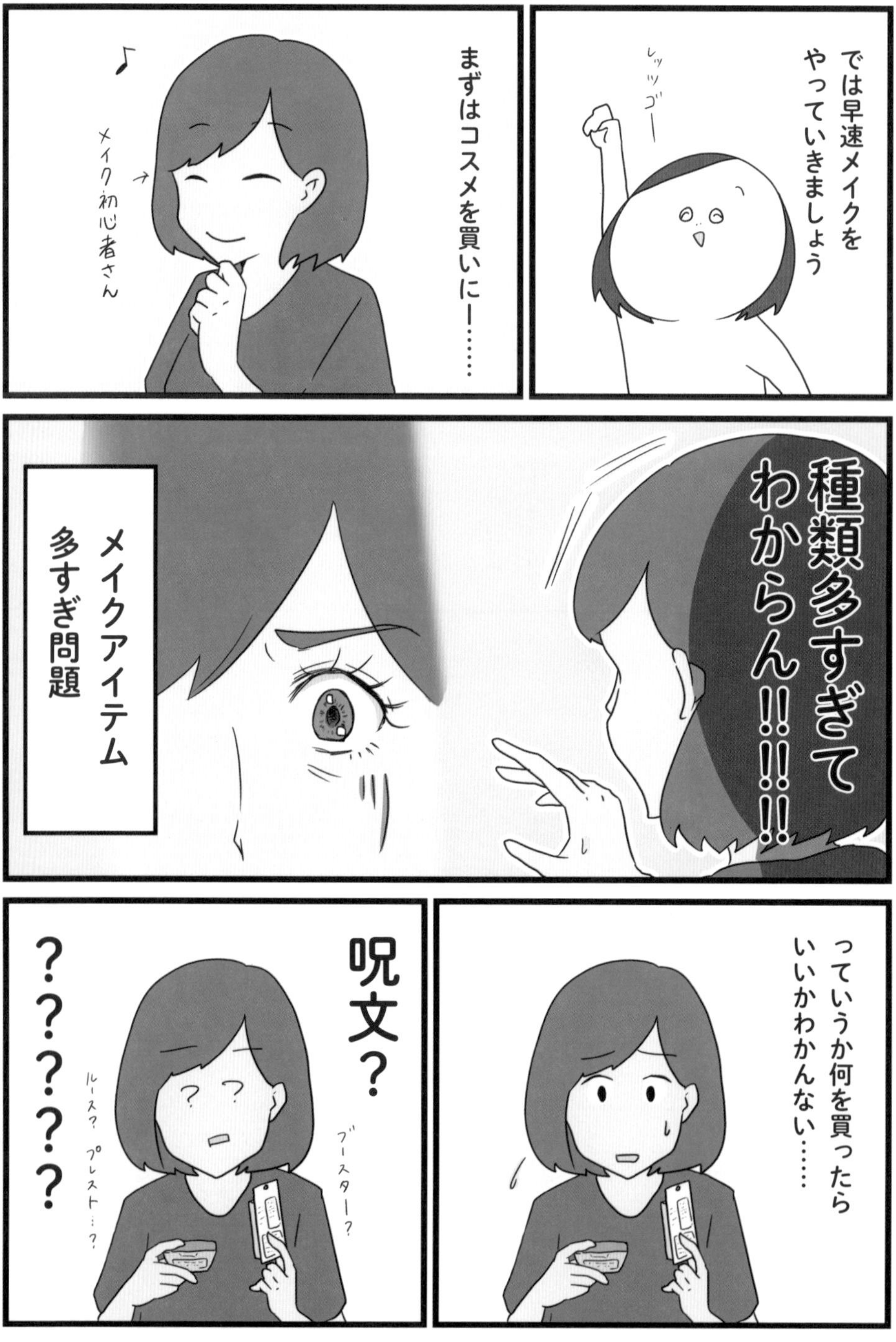
では早速メイクをやっていきましょう
レッツゴー
まずはコスメを買いにー……
♪
メイク初心者さん
種類多すぎてわからん!!!!!!
メイクアイテム多すぎ問題
っていうか何を買ったらいいかわかんない……
呪文?
?????
ブースター?
ルース? プレスト…?

今はドラッグストアでプチプラでもいいものが手に入る時代
薬
DRUG STORE
私自身、千円以下のアイテムばかり買っています
ということで、まずは必要最低限
This is 基本
基本のアイテムの選び方を紹介します！
おまけ
いや何色だよ
一夜限りの恋人
甘い時間
嫉妬するミルク
色名クセ強すぎ

自分に合ったファンデーション選びのコツ

① まずは自分の肌をチェック

ファンデーションは肌質に合っていないと、せっかく使ってもうまくカバーできずメイク崩れの原因にも。まずは自分の肌を観察してみよう。

乾燥肌

□全体的にカサカサ
□洗顔後に肌がつっぱる
□白い粉をふく

オイリー肌

□全体的にベタベタ
□テカリやすい
□毛穴の黒ずみやニキビなどの肌トラブルが多い

混合肌

□カサカサとテカリの両方
□おでこは脂っぽいが、頬はカサカサする
□乾燥肌とオイリー肌、どちらの悩みも当てはまる

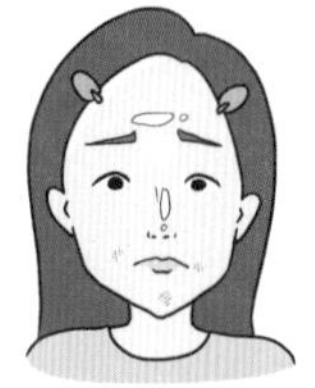

上記に当てはまらない、トラブルなし肌（普通肌）さんもいるよ！

② 肌質に合ったファンデーションのタイプを選ぶ

ファンデーションのタイプは色々ありますが、
初心者さんはまずはこの2つのどちらかを試してみよう。

カサカサが気になる
乾燥肌さんに
おすすめ

⇒ リキッドファンデ

ツヤが出る
＝
ツヤ肌に！

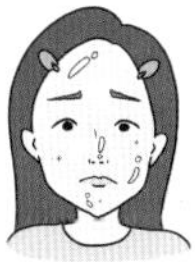

テカリが気になる
オイリー肌さんに
おすすめ

⇒ パウダーファンデ

ツヤを消してくれる
＝
マット肌に！

混合肌さんはより悩みに近いほうを！
普通肌さんはどちらでも OK ～～！！

カバー力で選ぶ場合※

BB クリーム

パウダーファンデ

リキッドファンデ

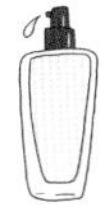

軽めのメイク ◀―――▶ しっかりメイク

※メーカーによっても差はあります

③ 失敗しない色選び

ファンデーションの色味を試すときには、
あごや首のラインに塗ったときに、
肌と近い色を選ぼう！
手や腕は、顔と色味が違う場合があるので NG！

まずはこれだけ！　基本のアイテム

種類がありすぎて、何を選べばいいのか迷ってしまうメイクアイテム。いきなり全部そろえるのは大変なので、まずはこれだけあればOKな基本のアイテムを紹介します。

ベース

絶対必要

●下地

肌の凹凸をなめらかにして、
ファンデーションのノリをよくし、
メイク崩れを防ぐ。

まずはこのどちらかでOK

・リキッドタイプ
のびがよくサラサラした仕上がりなので、厚塗りになりづらい。初心者さんやオイリー肌さんにおすすめ。

・クリームタイプ
リキッドと比べるとしっとり感があり、保湿力が高い。乾燥肌さんにおすすめ。

キレイにしてくれるやつ

●ファンデーション

肌をカバーして、
明るくキレイに見せる。

まずはこのどちらかでOK

・リキッドファンデ
液体タイプで、ツヤっぽい仕上がりに。乾燥肌さんにおすすめ。

・パウダーファンデ
粉を固めたタイプで、サラサラな仕上がりに。オイリー肌さんにおすすめ。持ち運びにも便利。

仕上げ

●フェイスパウダー

仕上げのお粉。テカリやメイク崩れを防いでくれる。
主にリキッドファンデのあとに使う。
（パウダーファンデの場合はなくてOK）

まずはこれでOK

・プレストタイプ
粉を固めたタイプ。カバー力がありムラになりづらいので、初心者さんにおすすめ。持ち運びも便利。

ほかにも
・ルースタイプ
粉タイプで、肌にベールをかけたようなふんわりとした仕上がりに。

「いきなりベースを全部そろえるのはめんどくさい！」
という人はBBクリームでもOK！
日焼け止め・下地・ファンデの役割がこれ1本で！

CCじゃなくてBBね

アイメイク

色のやつ

まずはこれで OK

●アイシャドウ

色で目元に立体感を出す。

・ブラウン系の4色パレット
かんたんにグラデーションがつくれる。失敗してもぼかしやすい「ラメ入り」がおすすめ。

線描くやつ

●アイライナー

目の輪郭を強調する。

・ペンシルタイプ
ぼかしやすいのでナチュラルな仕上がり。初心者さんにおすすめ。
芯が繰り出し式のものを選ぼう。

・リキッドタイプ
発色がよくくっきりした仕上がり。
しっかりメイクしたい時におすすめ。

まつげ上げる

●マスカラ

まつ毛のボリュームや長さをアップする。

まずはこれで OK

・ロングタイプ
まつげの長さをアップ。

●ビューラー

まつ毛を
カールさせる。

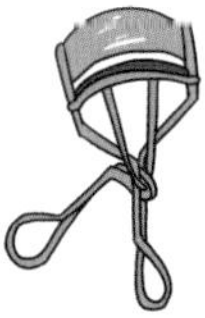

眉毛

描くやつ

まずはこれで OK →

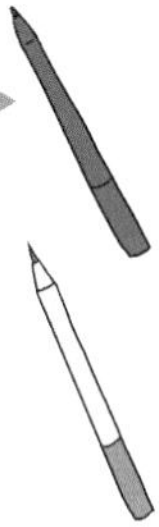

●アイブロウペンシル

眉毛の形や毛量を整える。

・ペンシルタイプ
繰り出し式で描きやすい。髪の色より1トーン明るい色を選ぼう。

ほかにも
・リキッドタイプ
細い線が描きやすいので、眉毛が少ない人におすすめ。

ぼかすやつ

●アイブロウパウダー

色の濃淡をつけたり、ぼかしたりする。

まずはこれで OK

・3色パレットタイプ
かんたんにグラデーションをつくれる。

●眉マスカラ

色を整えて立体感を出す。

髪の色より1トーン
明るい色を選ぼう。

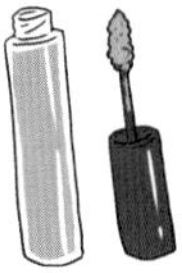

血色感↑

●チーク

頬に色味を足して、顔全体の血色感をアップさせる。

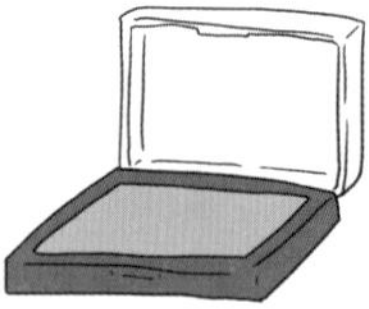

まずはこれでOK

・パウダータイプ
どんな肌にもなじみやすい「コーラルピンク」を選ぼう。

これも血色感↑

●リップ

唇の血色感をアップさせる。

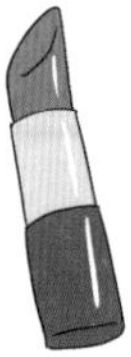

まずはこれでOK

・リップスティックタイプ
なじみすい「ピンクベージュ」か「オレンジベージュ」がおすすめ。

●リップ下地

リップが落ちるのを防ぐ。

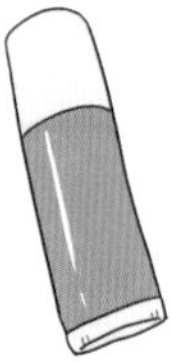

まずはこれでOK

・薬用リップ
下地がわりに使える。質感がかためのものが◎。

＋α あると便利なアイテム

基本はなくてもOKですが、あると便利なアイテムがブラシ。「付属のブラシよりも柄が長いので、失敗しづらい」「手が汚れない」などのメリットがあります。初心者さんにも使いやすいブラシの選び方を紹介します！

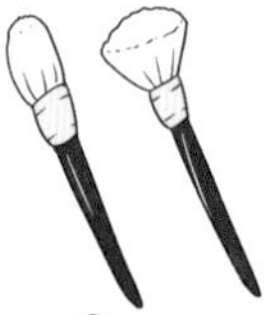

・ファンデブラシ
平筆 or 毛先が密集したタイプを。手を汚さずに、毛穴もしっかり塗れる。

・チークブラシ
丸平で面があるタイプを。自然なぼかしがかんたん。

・アイシャドウブラシ
平筆。自然なぼかしがかんたん。

・アイブロウブラシ
毛先がななめにカットされたタイプを。安定感があるので失敗しづらい。

・リップブラシ
一番小さい平筆。小回りがきくので、直塗りよりキレイに塗れる。

上級者のものと思われがちなブラシですが、実は不器用な人ほどおすすめ！
肌にあてたときに痛くなければ、プチプラや100均のものでもOK〜〜！！

← でもまぁ正直 指がありゃイケると思ってる人

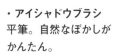

メイクをする前にここに注意

① メイクをする場所

意外に見落としがちなのがメイクをする場所。家でばっちりメイクをしたと思っても、場所によっては色ムラや不自然な濃さに気づかず、外出先で「あれ？ ひどい仕上がり…！」なんてことがあるので、場所選びは重要です。また小さな鏡も失敗の原因。顔全体がしっかり入る鏡を選んで！

ここはNG！

光

暗くて顔に
影ができる

光

光が左右均等に
あたらない

ここはベスト！

自然光が入る
明るい部屋
顔全体が
映る鏡

② メイク前のスキンケア

ほんのひと手間で劇的に仕上がりが変わるのがメイク前のスキンケア。肌が汚れたままや乾燥した状態だと、ファンデーションがうまくのらずメイク崩れの原因になるので、洗顔と保湿を！

まぁまぁダルいけど
絶対やった方がいい！
ただしスキンケア後すぐに
メイクするのはNG！
ベタベタがかわいてから！
化粧水
乳液

ぬるま湯で洗顔 → 化粧水で保湿 → 乳液でフタをする

アイテムもそろったところで
いざメイク
やるぞー
……
何から手をつけたらいいかわかんね～～～
おてあげ
メイクって誰も教えてくれないし
みんなに愛され♡メイク
雑誌のメイク特集はいきなり応用テクニックっぽいし……

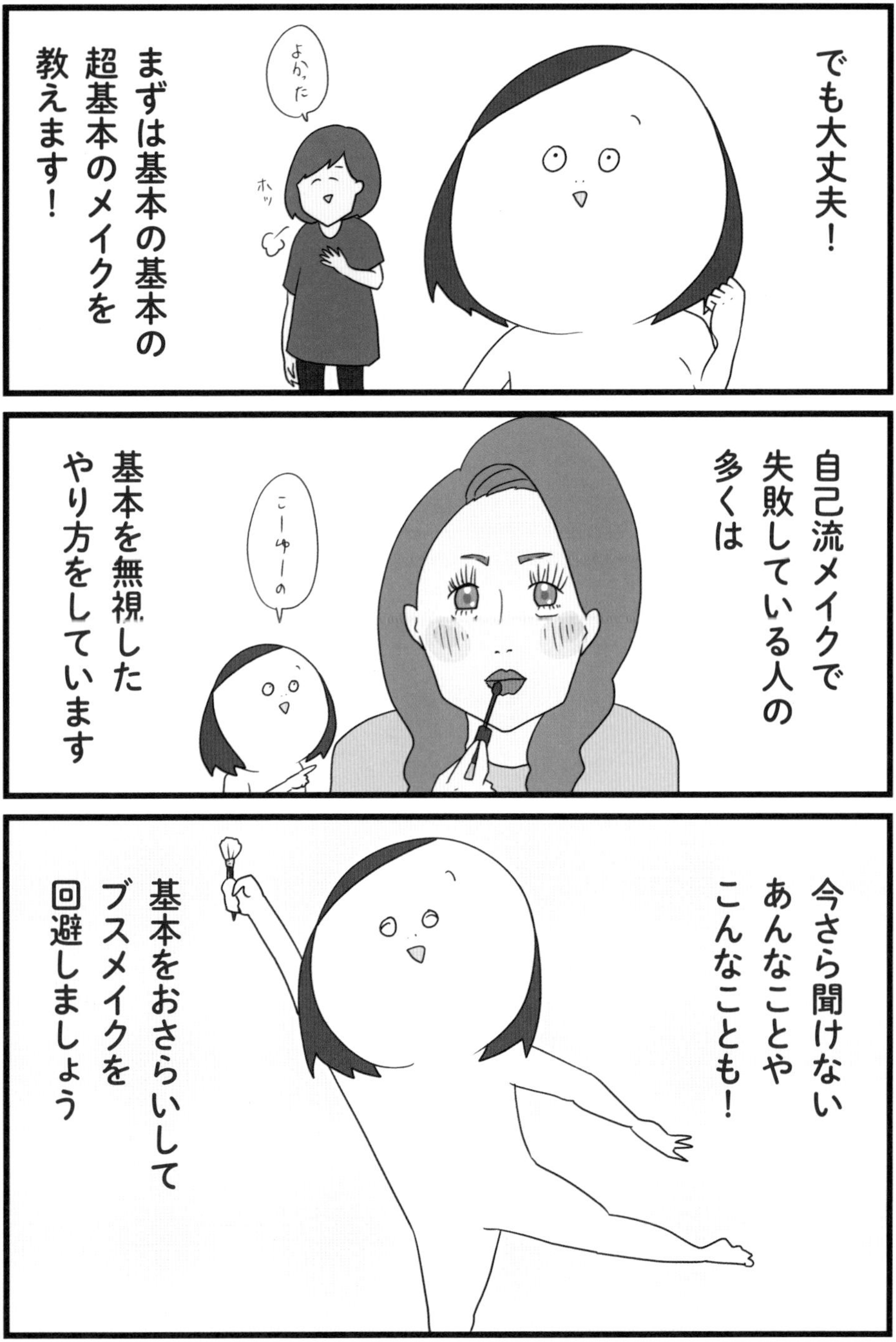
でも大丈夫！
よかった
ホッ
まずは基本の基本の超基本のメイクを教えます！
自己流メイクで失敗している人の多くは
こーゆーの
基本を無視したやり方をしています
今さら聞けないあんなことやこんなことも！
基本をおさらいしてブスメイクを回避しましょう

最初のベースメイクで仕上がりの運命が決まる

メイクの基本
1

台無しテカテカファンデブス

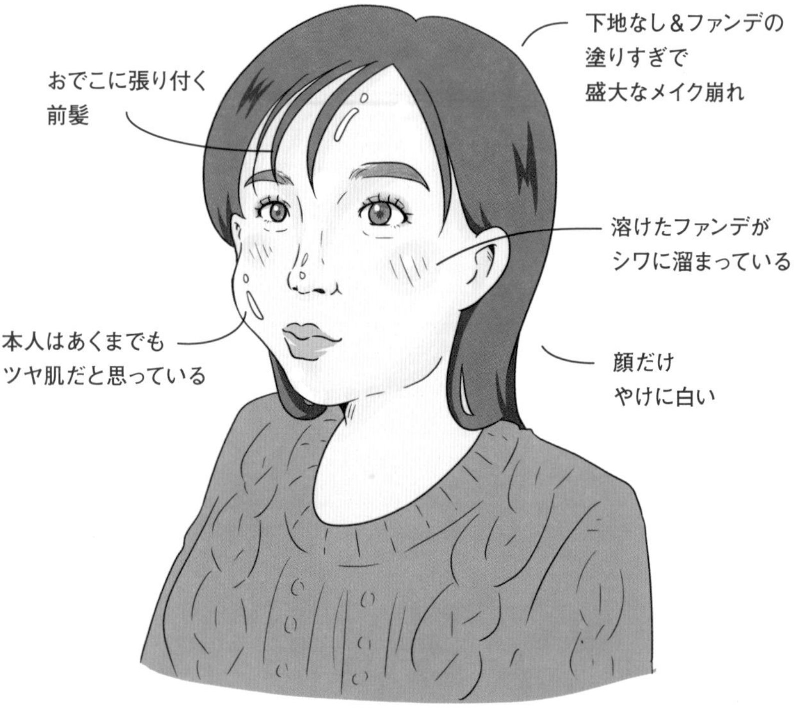

おでこに張り付く
前髪
下地なし&ファンデの
塗りすぎで
盛大なメイク崩れ
溶けたファンデが
シワに溜まっている
本人はあくまでも
ツヤ肌だと思っている
顔だけ
やけに白い

ここがブスメイク

下地とファンデーションは使い方を間違えると肌をキレイに見せるはずが、逆効果に。
特に塗りすぎは一番の失敗の原因！
顔がのっぺり見えてしまいメイクが崩れやすくなります。

ベースメイクの基本

ベースメイクの順番は「スキンケア→下地→ファンデ」です。
リキッドファンデの場合は、さらに最後にフェイスパウダーを追加しましょう。

STEP 1　下地で土台をつくる

アイテム
下地

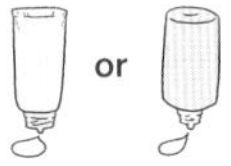

① 下地を出す

パール粒くらいを手に出す。
多すぎは NG。

② 顔にのせる

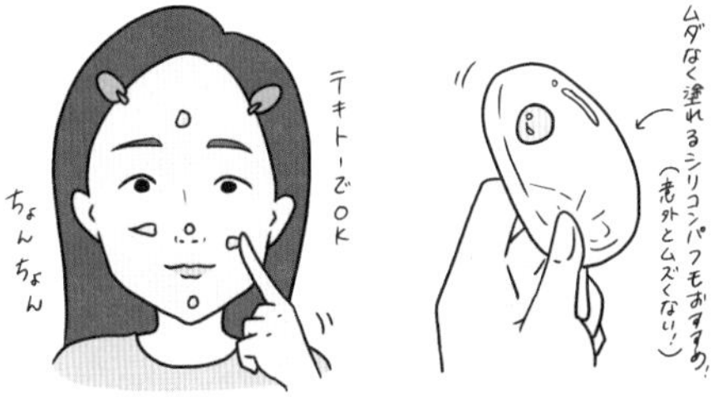

頬、おでこ、鼻、
あごにのせる。

③ 内側から外側にのばす

顔の中心から外側へのばす。
厚塗りを防ぐため、
量は外側が薄くなるように。

④ 毛穴の気になる部分は、しっかり塗り込む

小鼻はクルクルと小さな円を描くように、
頬は下から上へ持ち上げるように塗る。

⑤ 下地完成

ベタつきが気になる場合は
軽くティッシュオフする。

STEP 2 ファンデーションで、肌をととのえる

【リキッドファンデの場合】

アイテム

リキッドファンデ・フェイスパウダー

① ファンデを出す

パール粒くらいを手に出す。
多すぎは NG。

② 顔にのせる

頬、おでこ、鼻、
あごにのせる。
頬はちょっと多めに！

③ 内側から外側にのばす

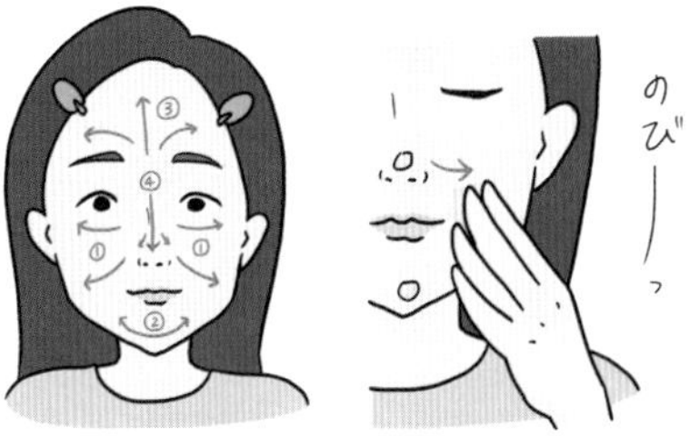

顔の中心から外側へのばす。
手でもブラシでもOK。
量は外側が薄くなるように！

④ 細かい部分も忘れずに

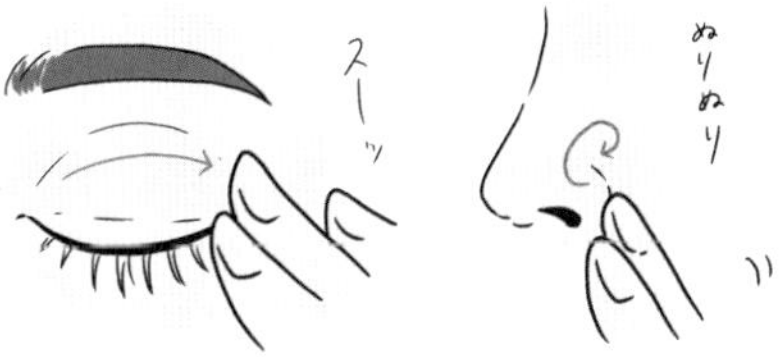

③でのばしたファンデを
目の周りや小鼻などにものばす。
目元や口元など動きのある部分は
特にヨレやすいので、
薄くなるようにしっかりのばす。

⑤ スポンジで仕上げ（しっかり仕上げたい時）

何もついていないスポンジで
ムラになった部分をなじませると
メイク持ちがよくなる。
シワに入り込んだ余分なファンデもオフ。

⑥ フェイスパウダーをのせて完成！

パフを顔全体にポンポンと
やさしくのせる。
テカりやすい部分や毛穴の目立つ部分は
しっかりめにのせたら、完成！

STEP 2

ファンデーションで、肌をととのえる

【パウダーファンデの場合】

アイテム

パウダーファンデ

① パフにファンデをとる

つける量は顔全体で
パフの3分の1くらいでOK。

② 内側から外側にのばす

外側が薄くなるようにのばす。
頬やおでこなど、
広い部分はパフの「面」を使って!

③ 毛穴が気になる部分は塗り込む

全方向から毛穴に塗り込む。
ただしやりすぎると粉が固まるので
注意!

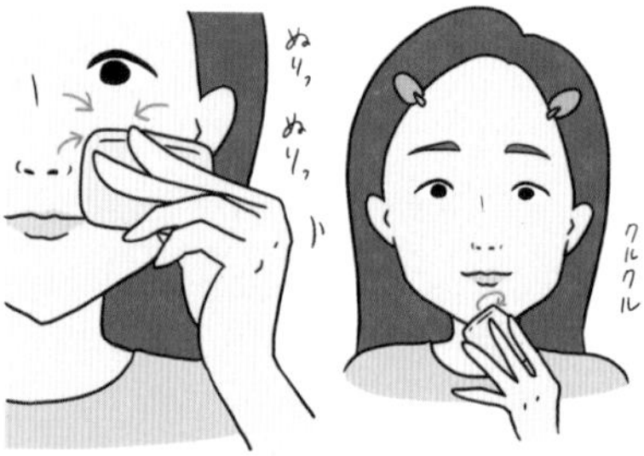

④ 細かい部分も忘れずに

目の周りや小鼻にも薄めにのせる。
細かい部分は、
「角」を使うとキレイに塗れる。

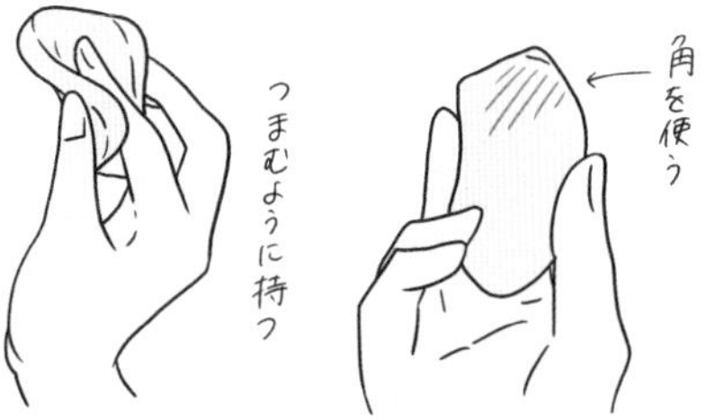

⑤ 完成！

パウダーファンデの場合、
フェイスパウダーはなくてOK。
（ただしテカりが気になる場合は、
その部分に塗ってカバー）

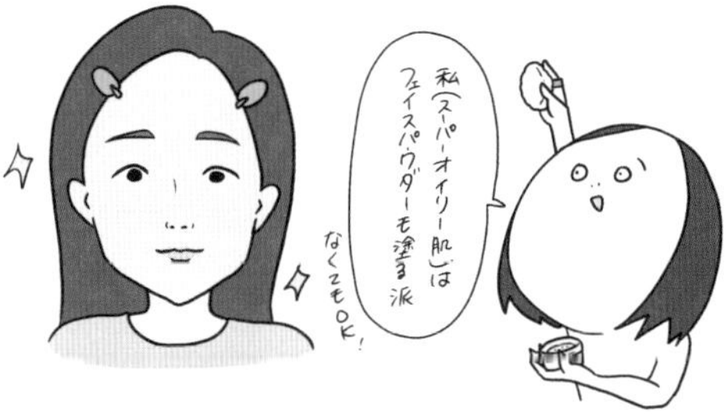

ベースメイクまとめ

**「最初に出す量」と
「最初にのせる位置」で
ファンデブスは防げる！**

「大きさ」よりも「立体感」で華やかな目をつくる

メイクの基本 2

気合いが空回りアイメイクブス

左右非対称
「とりあえず塗った」感のあるアイシャドウ
跳ね上げすぎたアイライン
頑張りすぎたアイライナー
ダマだらけマスカラ
不自然すぎる涙袋

ここがブスメイク

目は気合いを入れがちな分、失敗も目立ちやすいので注意！
ぬり絵のようにべたっとしたアイシャドウや、不自然なアイライナーは、目を小さく見せて逆効果！
大きくすることよりも、立体感を出すことを意識しよう！

アイメイクの基本

立体感のある目は、「アイシャドウ → アイライン → ビューラー → マスカラ」の順番でかんたんにつくることができます。

STEP 1　色で奥行きをつくる

アイテム
ブラウン系の４色アイシャドウ

① 一番明るい色をのせる

アイホールと下まぶた全体にのせる。
（指、付属のチップ、ブラシどれでもOK。）
一重さんは少しオーバーめに。

※アイホール…目を閉じたときに触ってみて眼球があるところ

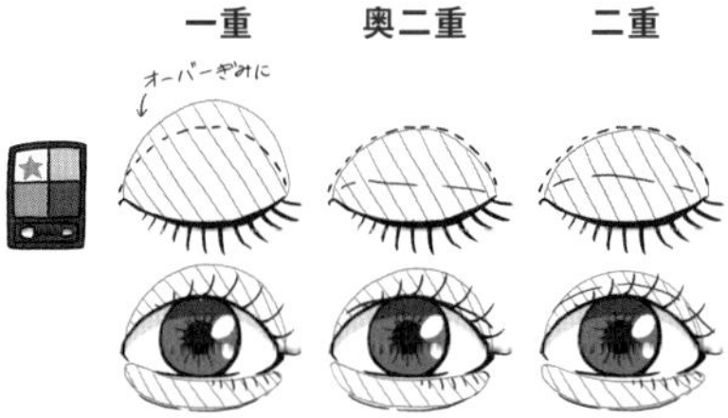
一重
奥二重
二重
オーバーぎみに

② 一番濃い色をのせる

目のきわと下まぶたの外側にのせる。

ここは指でなく、チップか硬めのブラシで

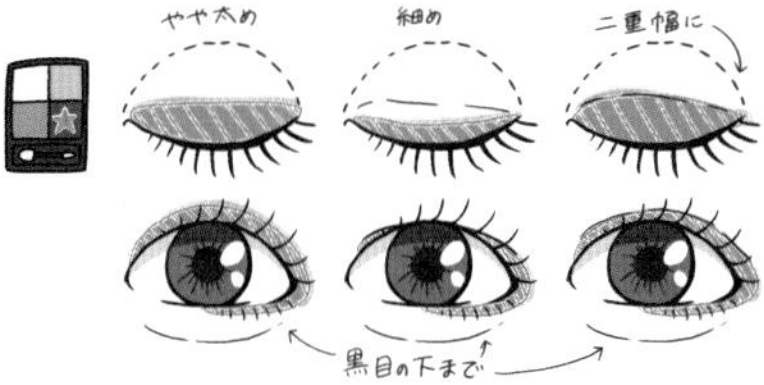
やや太め
細め
二重幅に
黒目の下まで

③ 中間色をのせる

中間色のどちらかを①②の間にのせる。
下まぶたにも薄めに入れる。
（指、チップ、ブラシどれでもOK。）

この順番だと、ぼかすのが簡単！

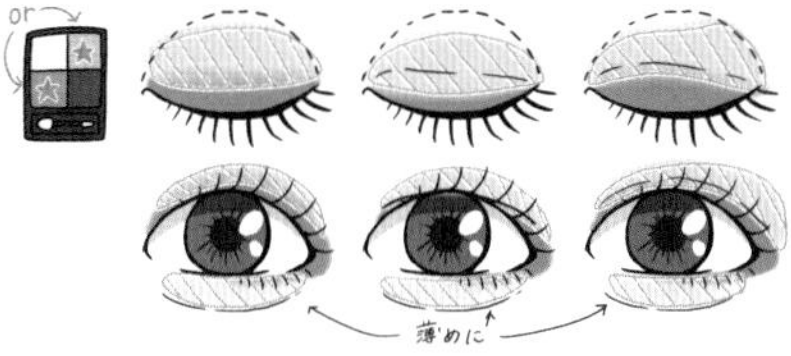
or
薄めに

④ 一番明るい色で仕上げ

①の色を指にとり、目をつぶった時に一番高い位置と下まぶたの真ん中に軽くのせると、立体感が出る。

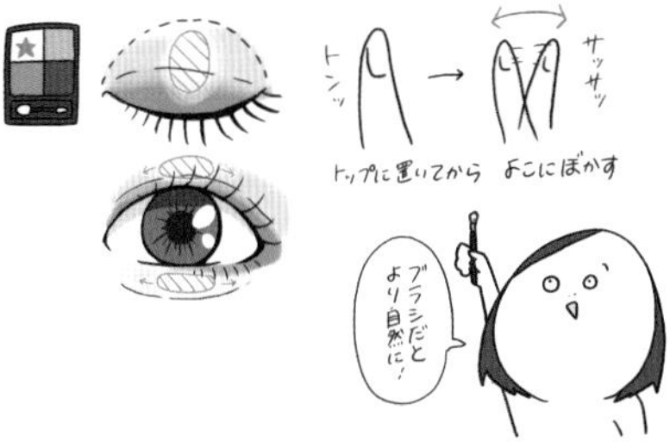
トンッ
サッサッ
トップに置いてから
よこにぼかす
ブラシだとより自然に！

STEP 2 目の輪郭をくっきりさせる

アイテム

アイライナー（ペンシル or リキッド）

① 姿勢はこう!

両ひじと、ペンをもつ手を固定して
まぶたをやさしく引っ張る。

この姿勢!!
でも自分の一番やりやすい姿勢でOK
固定する

② 目のきわを埋める

まぶたを引っ張ったまま、
目のきわにそって線を入れる。
一気に描こうとせず、
少しずつ線をのばしていくイメージ。
目尻は1～2ミリ長めに入れる。
（一重さんや奥二重さんはかなり細めに！）

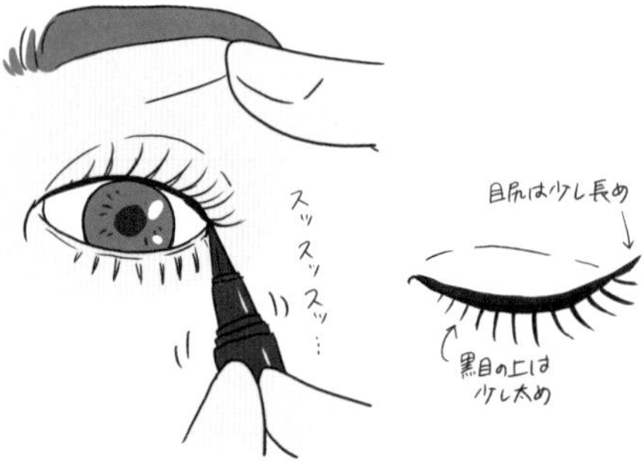
スッスッスッ…
目尻は少し長め
黒目の上は少し太め

③ まつ毛の間を埋める

点をつなげるように、
まつ毛の間をちょんちょんと
埋めていく。

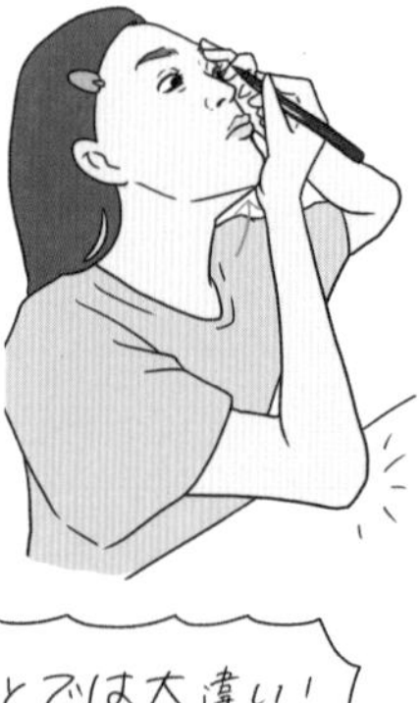

あごを上げて
まぶたをやさしく引っ張り、
下から埋めていくと
やりやすい！

まつ毛の間を埋めると埋めないとでは大違い！

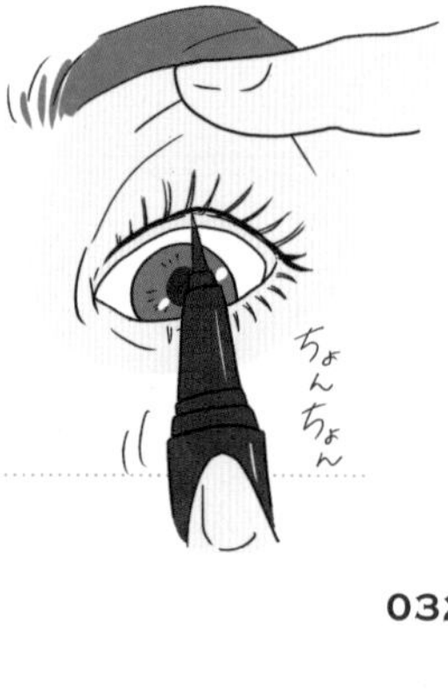
ちょんちょん

④ ぼかす（しっかり仕上げたい時）

アイシャドウの濃い色を
目尻側に軽くのせてぼかすと
さらにアイラインが自然になじむ。
これは好みなので、ぼかさなくても OK。
（ただし一重さんは必ずやるべし）

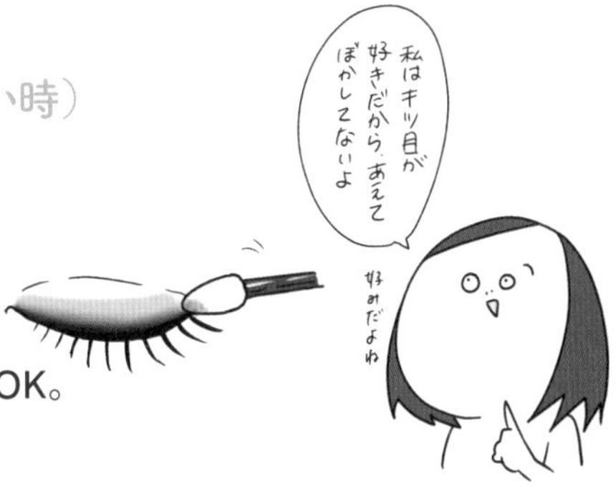

STEP 3 上向きまつげで、立体感アップ！

アイテム
ビューラー　マスカラ

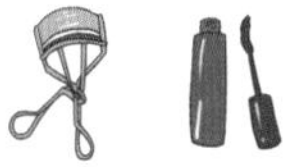

① まつ毛の根元を上げる

ビューラーで
まつ毛の生えぎわをはさみ
ぐっと持ち上げる。

あごを上げて、
まぶたをやさしく引っ張りながら上げると
まぶたを挟みにくい！

② 中間〜毛先を上げる

根元だけだと、カクンとした
折れまつ毛になってしまうので
毛先もカールさせる。

①②を数回くり返そう！

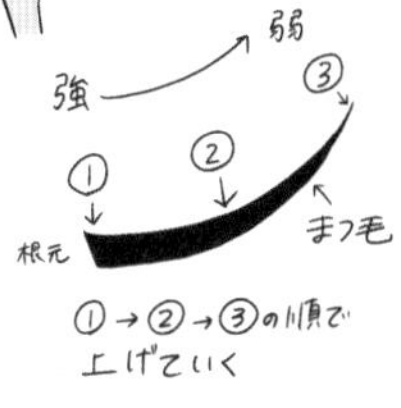

③ マスカラを上まつ毛に塗る

ダマにならないよう
ブラシから余分なマスカラを落とし
根もとからギザギザと塗る。

④ 塗り残しに注意

目頭や目尻は塗りづらいので
ブラシの角度を動かしながら
丁寧に塗っていく。

⑤ 下まつ毛に塗ったら完成！

ブラシを縦にして一本ずつ塗るイメージで。
あごを引いて目を見開き、
上目づかいの状態で塗っていくと
まぶたにつきにくい。

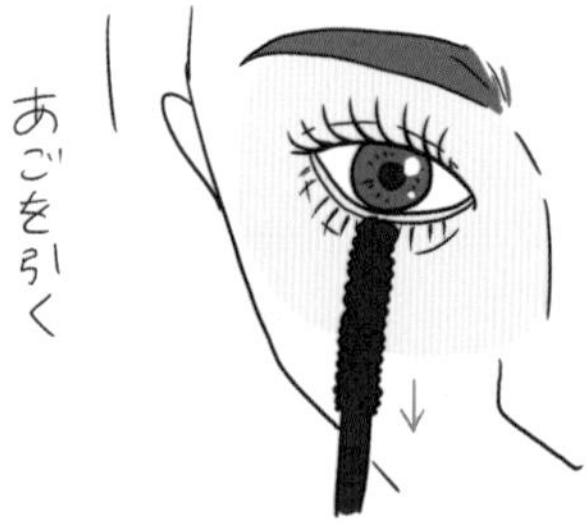

+αアイテム

マスカラ下地

マスカラの前に塗っておくと
カールのキープ力が断然アップ！
おすすめは繊維入りのタイプ。
まつ毛のボリュームもアップしてくれる！

下地が完全に乾いてから、マスカラを塗る！

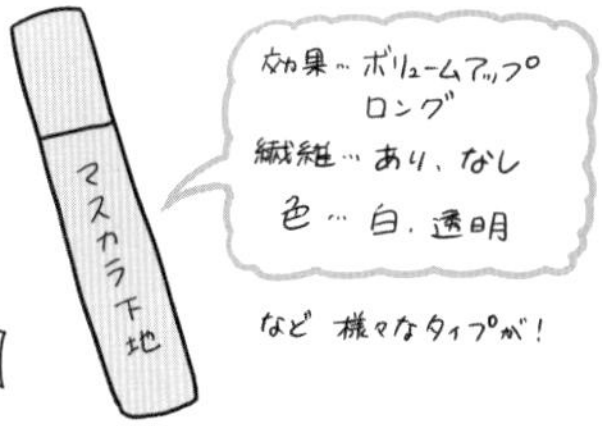
マスカラ下地
効果…ボリュームアップ
ロング
繊維…あり、なし
色…白、透明
など 様々なタイプが！

すれみの目で見るビフォーアフター

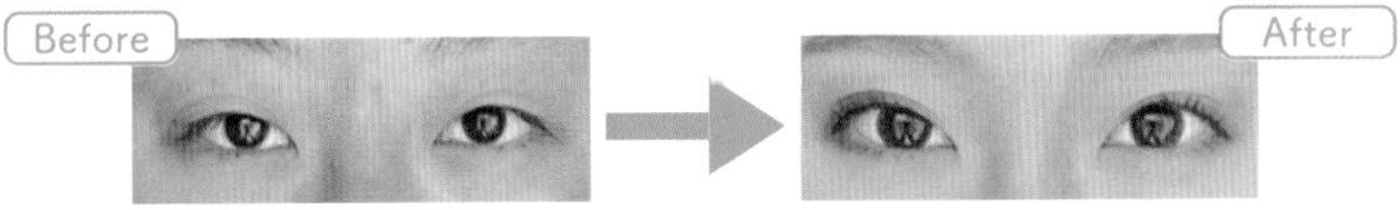
Before
After

アイメイクまとめ

「グラデーション」「隠れライン」
「立体まつ毛」の３段階で
アイメイクブスは防げる！

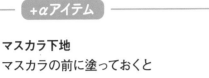

ファーストインプレッションは眉毛で8割決まる

メイクの基本
3

いい女風だけどなんか違う眉毛ブス

眉頭をやたら強調
目と眉毛が
近ければ近いほど
いいと思っている
近すぎる左右の眉頭
濃淡がなくて
海苔みたい
自称「いい女」

ここがブスメイク

「顔の印象の8割を決める」とも言われる眉毛。眉毛の存在感を与えた時点で試合終了と心得ましょう。
眉頭を強調するのもアウト！　自然な濃淡の眉毛を目指すべし。

眉毛の基本

眉毛は1つのアイテムで頑張るのではなく、使い分けるのがコツ。
さらに描く順番は「眉尻→眉頭」を守るだけで、仕上がりが劇的に変わります。

STEP 1 理想の形を決める

アイテム
アイブロウペンシル

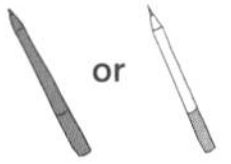
or

① 黄金比の3点を確認する

ペンシルなどを使って
位置を確認

眉毛が一番キレイに見える「黄金比」で
眉頭・眉山・眉尻を決める。
3点の位置を確認したら、
アイブロウペンシルで薄く点を打つ。

「眉毛の黄金比」はこの3つ!

This is 黄金比
眉山
「黒目の外側」と「目尻」の中間
眉尻
「小鼻」と「目尻」の延長
眉頭
「小鼻」の内側の真上

眉毛の迷子はこの3点で解決!

② 眉尻を下書きする

眉山と眉尻の点をつなげたら
中を軽く塗りつぶす。
目尻と並行にするイメージで。
(眉頭から描くと濃くなりやすいので NG！)

絶対に眉尻から描く!!!

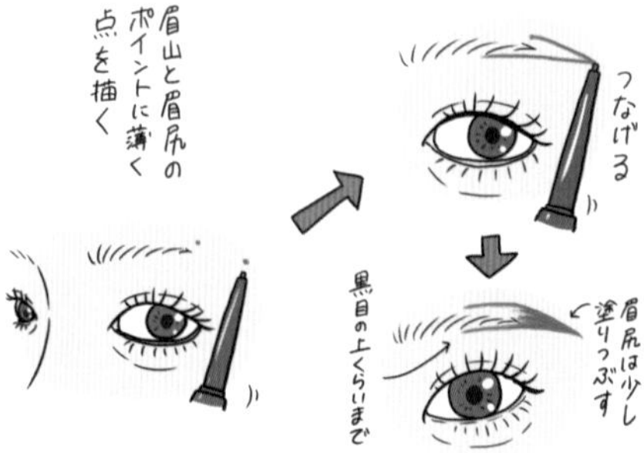
眉山と眉尻のポイントに薄く点を描く
つなげる
黒目の上くらいまで
眉尻は少し塗りつぶす

③ 毛がない部分は描き足す

もとの眉毛が少ない場合は、
毛が生えている方向にそって描き足す。

このとき眉毛の生える方向を意識して!

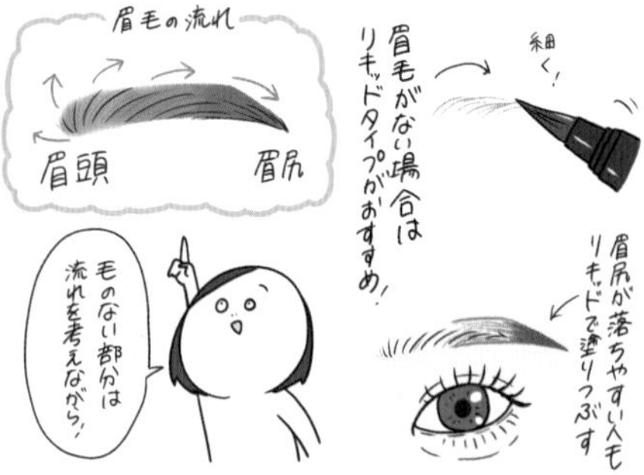
眉毛の流れ
眉頭
眉尻
毛のない部分は流れを考えながら！
眉毛がない場合はリキッドタイプがおすすめ！
細く！
眉尻が落ちやすい人もリキッドで塗りつぶす

STEP 2 色の濃淡をつける

アイテム
アイブロウパウダー

① アイブロウパウダーで濃淡をつける

付属のブラシの毛が硬い方で
「眉尻→中間→眉頭」の順で
グラデーションになるように
毛の流れにそって色をのせる。

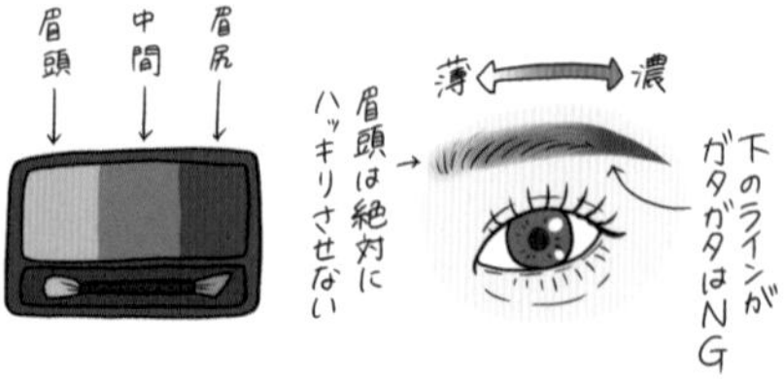
眉頭
中間
眉尻
薄
濃
眉頭はハッキリさせない
下のラインがガタガタはNG

さらに眉頭は、ブラシの毛がやわらかいほうでも
明るい色をのせてぼかす。

STEP 3 立体感を出す

アイテム
眉マスカラ

① 眉マスカラを毛の流れに逆らって塗る

毛全体に均等に色がのるように
まずは毛の流れに逆らって塗る。
(毛の裏側にのせるイメージ)

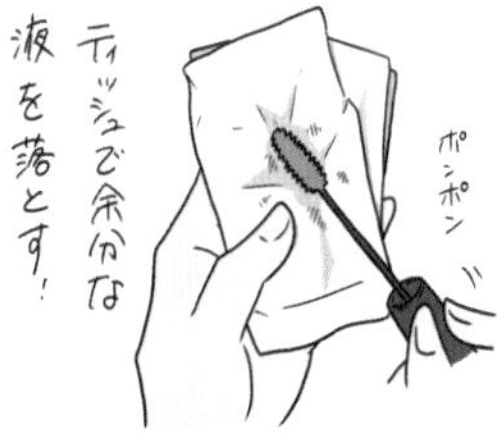
ティッシュで余分な液を落とす！
ポンポン

困り眉にすると肌につきにくい！

② 毛の流れにそって塗ったら、完成！

眉毛の流れにそってとかすようにのせたら完成！
(毛の表側にのせるイメージ)

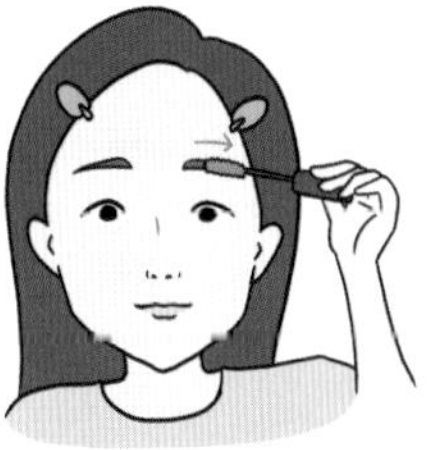

～眉毛は必ずアイメイクのあとに～

すっぴんの状態だと、
濃淡の加減がむずかしい。
また、目尻の位置も
アイメイクによって変わるので、
「目→眉毛」の順が失敗しづらい！

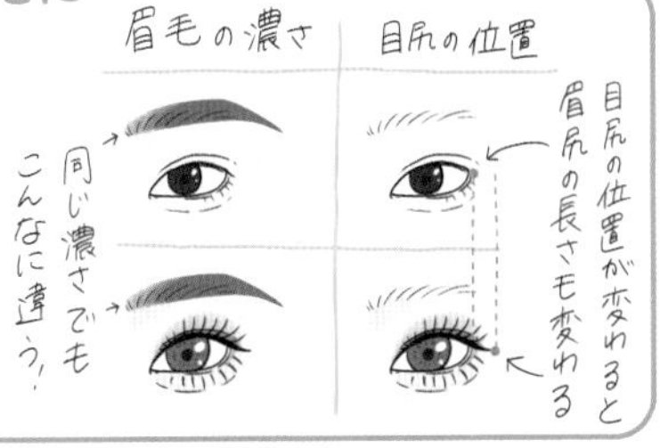
眉毛の濃さ
目尻の位置
同じ濃さでもこんなに違う！
目尻の位置が変わると眉尻の長さも変わる

すれみの眉毛で見るビフォーアフター

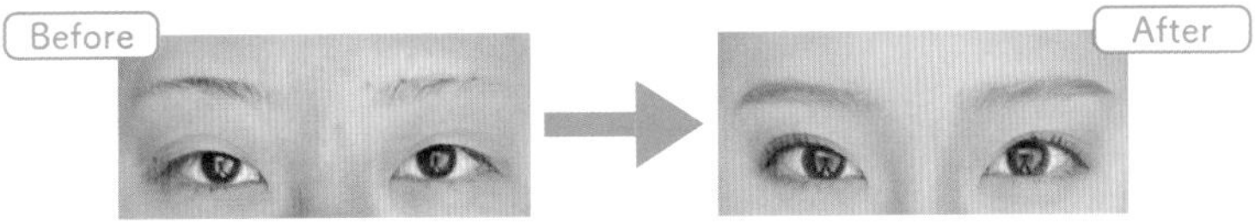
Before
After

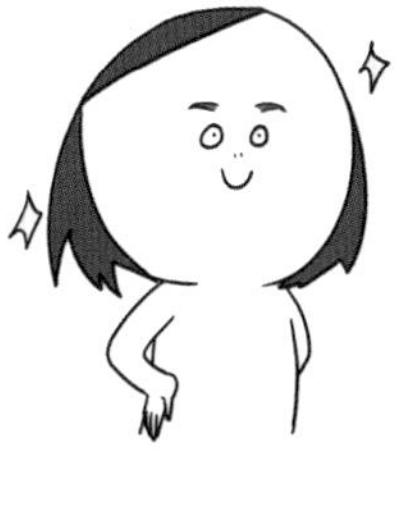

眉毛まとめ

「アイテムの使い分け」と
「眉尻ファースト」で眉毛ブスは防げる！

眉毛カットの基本

もとの眉毛がボサボサの状態だと、どんなに眉毛メイクをしてもうまくキマらない、なんてことも。特に毛量が多い場合は、メイク前に必ず眉毛カットをして整えましょう。これだけでも一気にアカ抜けます。

使うアイテム

〜眉カット前にここに注意!〜

眉毛は毛流れによって自然な立体感が出るので、いきなりカットは NG。本来必要な毛までカットしてしまう恐れがあります。

●すっぴんの状態でやらない!

必要な毛までカットしてしまう
場合があるので NG。

●眉毛の上はカミソリで剃らない!

不自然になりやすく、
剃ったあとが目立つ場合も。

●毛抜きは使わない!

皮膚を引っ張るのでたるみの原因になることも。

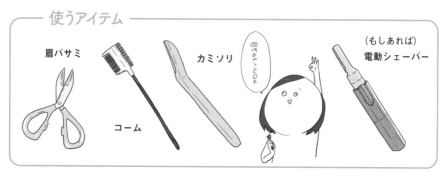

STEP 0 毛量を調整する

アイテム
アイブロウペンシル　眉バサミ　カミソリ　コーム

① 下書きをする

黄金比にそって
アイブロウペンシルで理想の眉毛を描く。

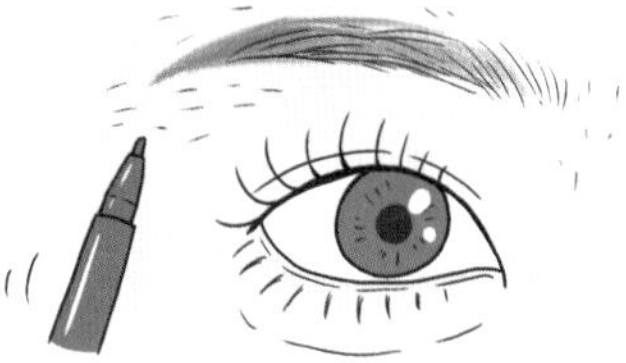

② 理想の眉毛からはみ出る毛をカット

描いた眉毛からはみ出た毛をカットする。
アイテムは場所によって、使い分けると◎

- **眉尻の上**……眉バサミ
- **眉尻の下**……眉バサミ or カミソリ
- **眉間や周りの産毛**……カミソリ（or 電動シェーバー）

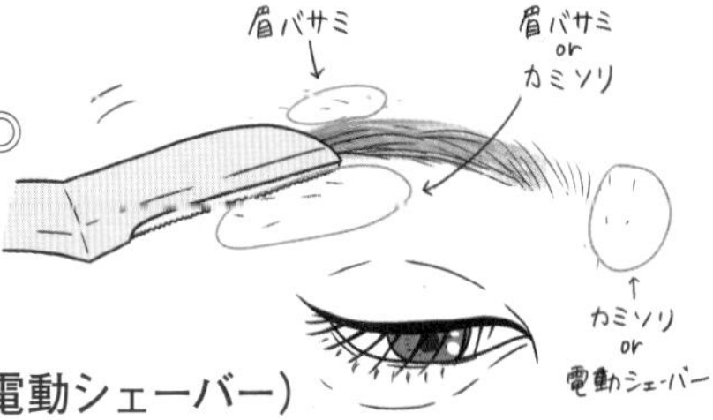

③ 眉尻の余分な毛をカット

眉尻にコームを上からあてて
はみ出た長い毛を
眉バサミでカットする。

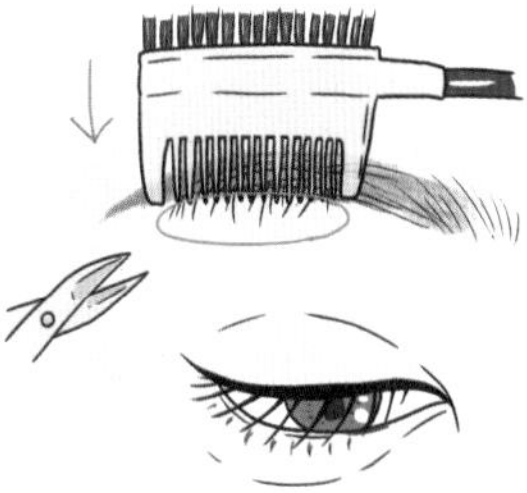

④ 眉頭の余分な毛をカット

眉頭にコームを下からあてて、
同じようにはみ出た長い毛を
眉バサミでカットする。
毛の流れを整えたら完成！

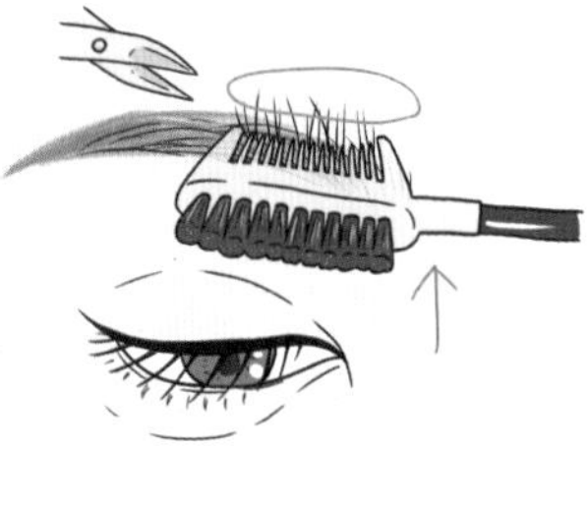

じゅわっと自然な血色チークが美人顔を演出する

メイクの基本
4

悪目立ちおてもやんチークブス

色がちゃんとついているか不安でなんども重ねた
?
チークの主張が激しすぎ
目立てばいいと思っている
全くもってぼかせていない

ここがブスメイク

どんなに時間がなくてもチークをブラシでいきなり顔にのせるのはNG！
色がのりすぎて、自分が思っている以上に悪目立ちします。
また、チークを入れる位置も重要。鼻先より下に入れると、顔がのびて見え一気に老け顔に。

チークの基本

パウダーチークは付属のブラシでも問題ないですが、大きめのブラシを使うと、ふんわり入れることができます。入れ方の手順はどちらも一緒！

STEP 頬に血色をプラスする

アイテム
パウダーチーク

① ブラシに粉をとり、手でワンバウンド

ブラシに粉をとったら、手の甲でワンバウンドし、余計な粉をしっかり落とす。

これやらないと色がつきすぎる

絶対やって
ポンッ

② 頬の高いところにのせる

にこっと笑ったときに
一番高くなる位置にブラシをのせる。
ほっぺでたこ焼きをつくって
つかめる部分でもOK。

おっけ〜〜

③ ぼかす

ブラシをクルクル回してぼかす。

図の線より、はみ出さないように！

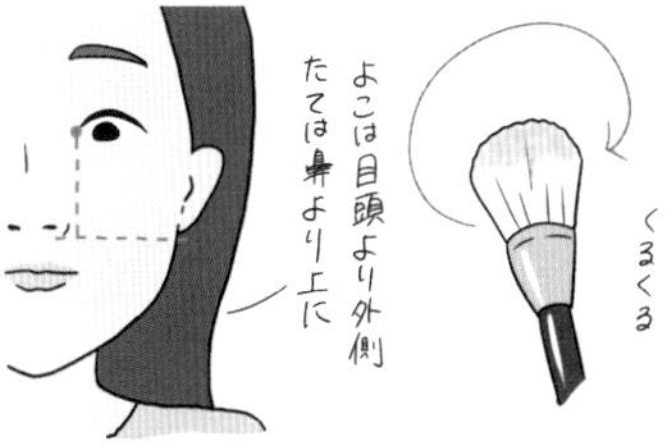
よこは目頭より外側
たては鼻より上に
くるくる

チークまとめ

「最初のワンバウンド」と「入れる位置」でチークブスは防げる！

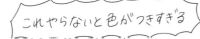

ふっくら自然な唇は色気をつくる重要パーツ

メイクの基本
5

やりすぎウルウル地獄リップブス

よく見ると
ガッサガサ
唇に虫が
くっついて死ぬ
（溺死）
ウルウル♡至上主義
実際は
ウルウルではなく
ベッタベタ
すぐ髪の毛が
くっつく
石原さ○みに
憧れている
20分に1回
グロスを塗り直す

ここがブスメイク

うるうるリップはかわいいと思われがちですが
塗れば塗るほど落ちやすく、ムラになるので注意！
また、下地を塗らずに直接口紅やグロスを塗ると
唇荒れの原因にもなります。

リップの基本

なんとなく塗りがちなリップですが、丁寧さがカギ。塗り方によっても仕上がりが大きく変わります。

STEP 唇に血色をプラスする

アイテム
薬用リップ・リップ

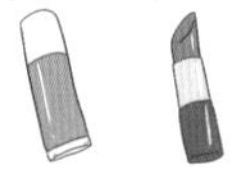

① 下地を塗る

薬用リップを下地で塗る。
口を「いー」の状態にし
縦ジワにそって縦に塗ったら
しっかり乾かす。

② リップを塗る

口を軽く開けた状態で
矢印の方向に
滑らせるように塗る。

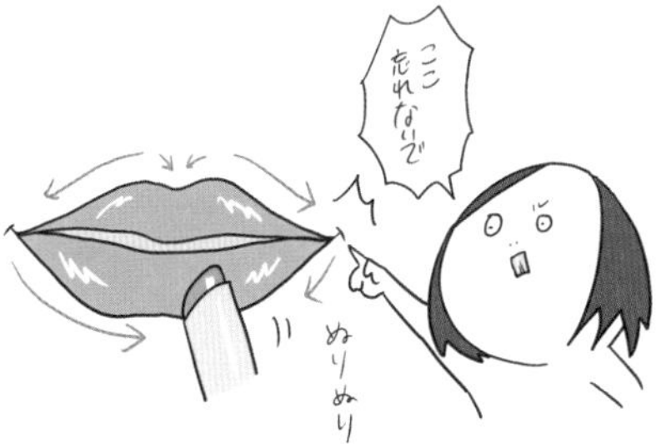

③ ティッシュオフしたら完成

折りたたんだティッシュを口にくわえ
余分なリップを落としたら完成。

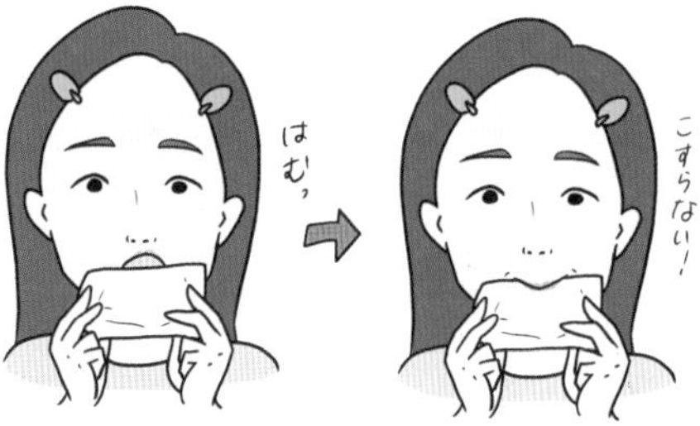

＋α テクニック 仕上げたいイメージによって、塗り方を変える

しっかり仕上げたいとき（リップブラシで塗る）

① リップブラシにとる

ブラシにリップをとる。
目安はブラシがひたひたになるくらい。

② リップブラシで輪郭をふちどる

ブラシで唇の輪郭をふちどる。

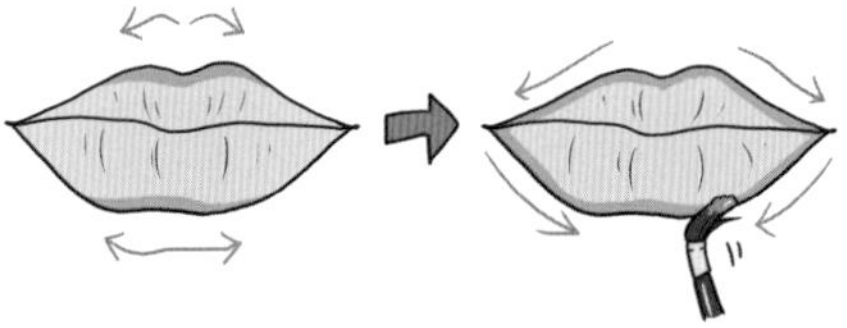

上唇の山と下唇の中央をふちどってから
口角につなげると失敗しづらい。

③ 内側を塗りつぶす

輪郭の内側をブラシで塗りつぶす。
横方向だけでなく、縦にも塗ると
キレイに色がのる。

ナチュラルに仕上げたいとき（指で塗る）

① 指で唇にのせる

リップを指にとり、唇にポンポンとのせていく。
中央は濃いめ、外側は薄めを意識する。

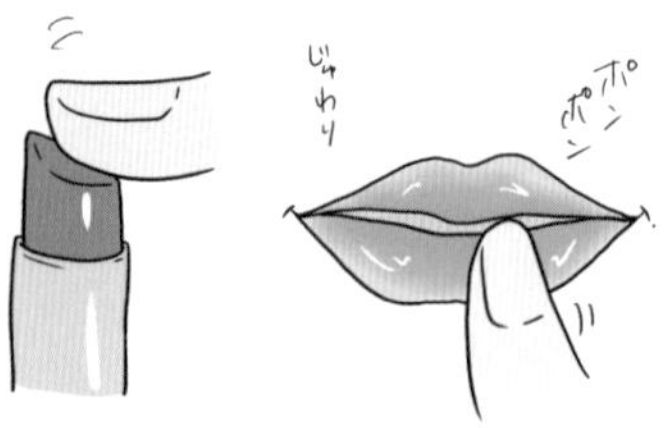

リップまとめ

**「準備の下地」と「仕上げのティッシュオフ」
でリップブスは防げる！**

GOOD BYE!
BUSU MAKEUP!!

CHAPTER 2

自分の顔のバランスを知って、ブスメイクをやめる！

基本を覚えたところで「自分に合ったメイク」をするために
自分の顔を分析していきましょう!
レッツトライ!
・・・
……あれ?
よく考えたら私、自分の顔は理解しているけど他の人の顔はどうやって分析したらいいんだ!?
カクカクシカジカ
あーなるほど
同じく女子力の低い担当編集Oさん
じゃあメイクのプロに会いに行きましょう
最高

はじめまして
TOMOMIです！
一流外資系ブランドで10年間
メイクアップアーティストとして
活躍後、独立。
3万人以上の悩みを解決してきた
メイクのプロ！
は、、はじめまして…!!
キラキラしてますね…
ヒソヒソ
ですね…
そんなことないですよ〜
メイクをはじめる前は…
これが私でした！
どどんっ!!
エエッ!!
仲間だった…
メイクってすごい…!
自分に合ったメイクで
ここまで変われるんです！
ここからは私も一緒に
解説していきます♪
頼もしいプロが
仲間に加わりました

よく、パーツごとのメイクはいいのに顔全体で見るとなんか残念な人を見ます
あーいますね
バランスが大事なのはわかるんですけど
どの顔にも当てはまるルールってあるんですか？
黄金比と言って、顔がキレイに見えるバランスの比率があります
This is 黄金比
ほえー
たとえば、目だけ大きくする人がいますがそれよりも、各パーツの配置がこのように中心にそろっているほうが美人顔に見えやすいと言われています
あれ…？
でもそれって元が黄金比じゃない人は……？
あ、まさに私ですね
アハハ
ハッ!!
すいませんッッ!!
大丈夫ですよ～（笑）

完ぺきな黄金比の人なんてそうそういないですから安心して下さい！
よかった〜
ホッ
そこでメイクの出番です！
黄金比を基準にした時に自分のパーツがどのように配置されているかを知って
私は目が離れ気味だから、えーっと…
メイクでこの基準に近づけてあげればいいんです！
よく考えたら、私も全然黄金比じゃないけどどうにかなっていました
たはー
ということで、基準の黄金比を紹介します
しまーす！

自分の顔のバランスをチェックしてみよう

黄金比には細かな比率が色々ありますが、
いきなり全部はむずかしいので
まず押さえておくポイントを紹介します！

基準となる黄金バランス

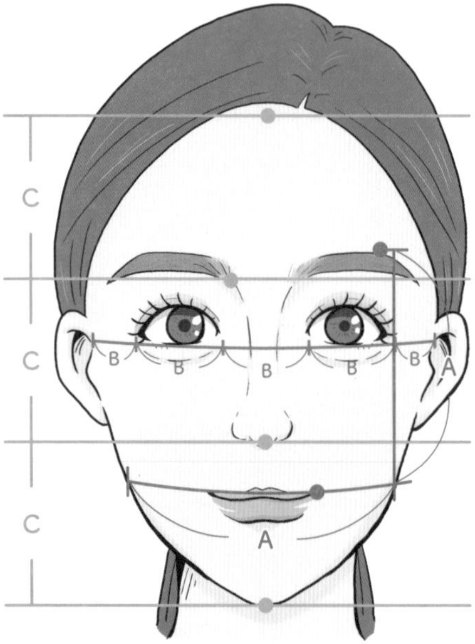

Ⓐ 縦と横のバランス

眉山から口までの距離（縦）と
口角を延長した距離（横）が
1：1

Ⓑ 目のバランス

目の横幅と眉間が1：1：1
（目の横幅が、顔の横幅の5分の1）

Ⓒ パーツ全体のバランス

髪の生えぎわから眉下、
眉下から鼻下、鼻下からあご先が
1：1：1

このうち、初心者さんがまずチェックするのは

Ⓐ縦と横のバランス　Ⓑ目のバランス　の2つ

Ⓐ縦と横のバランス

顔の縦と横の長さを測って、どちらが長いかチェック！
輪郭のタイプは大きく5つに分けることができます。

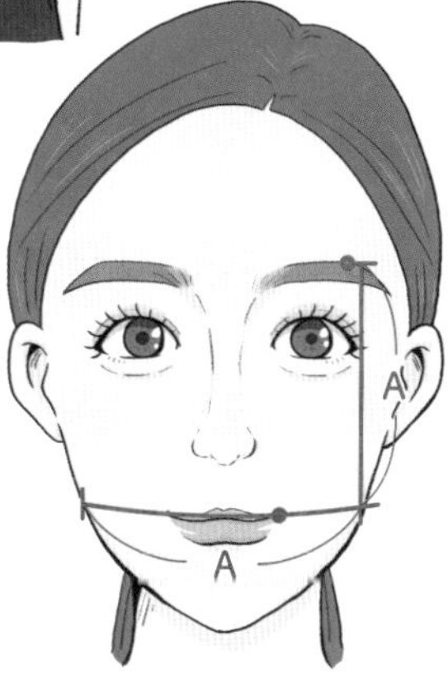

縦と横が同じ

たまご型

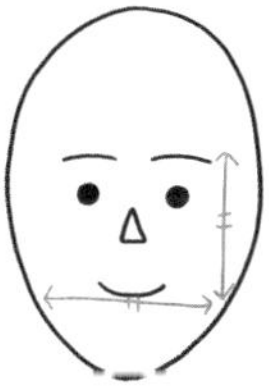

基準となる型。
他のタイプは
これに近づけると
バランスよく
仕上がる。

縦のほうが長い

面長

逆三角形

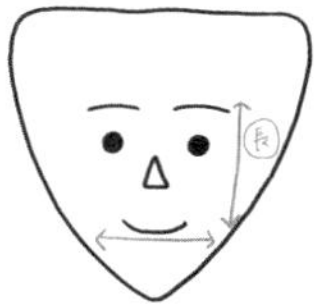

おでこやあごなど、上下に余白が多い。

横のほうが長い

丸顔

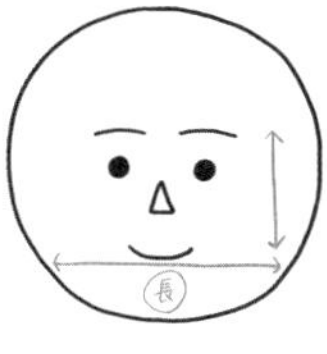

ベース型

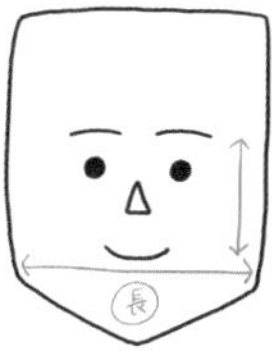

目の横や頬など、横に余白が多い。

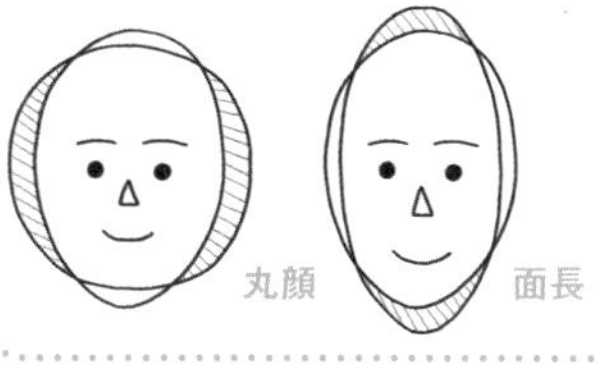

たまご型以外のタイプの人は、
自分の輪郭とたまご型を
重ねたときの余白を
メイクで埋めることを意識する！

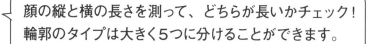

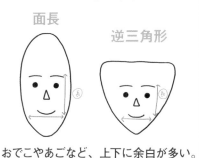

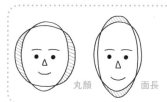

Ⓑ目のバランス

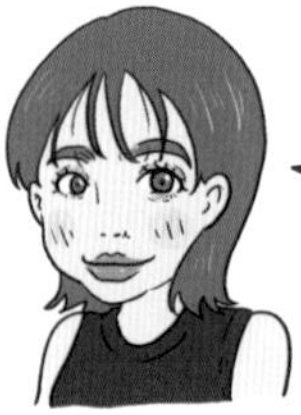

次に目の横幅と眉間の長さをチェック！
目が中心に寄っているか離れているかで印象が変わります。

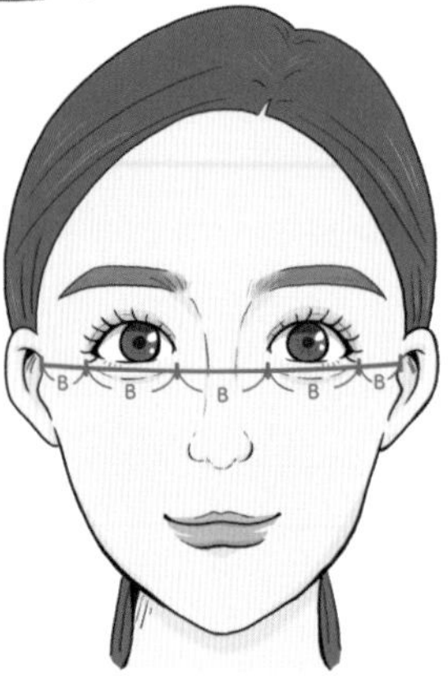

すべて同じ幅

ベストバランス顔

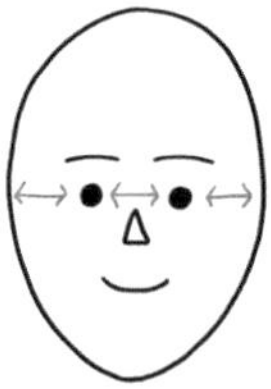

理想の形で基準となる型。他のタイプはこれに近づけるとバランスよく仕上がる。

眉間のほうが短い（顔の端から目までが長い）

求心顔

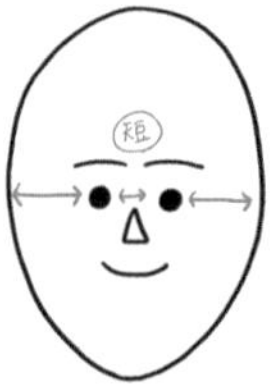

中心に寄りぎみ。大人っぽくクールな印象。

眉間のほうが長い（顔の端から目までが短い）

遠心顔

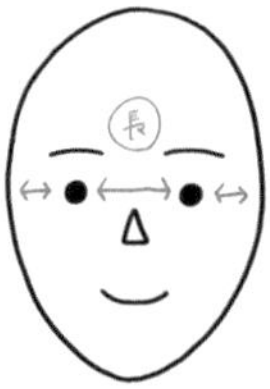

外側に離れぎみ。かわいらしい印象。

求心顔さんはパーツを外に広げて
遠心顔さんはパーツを中心へ寄せるイメージで！
ベストバランスさんは、アイメイクに気合いを入れすぎてバランスを崩さないように！

顔タイプ別・バランスのポイント

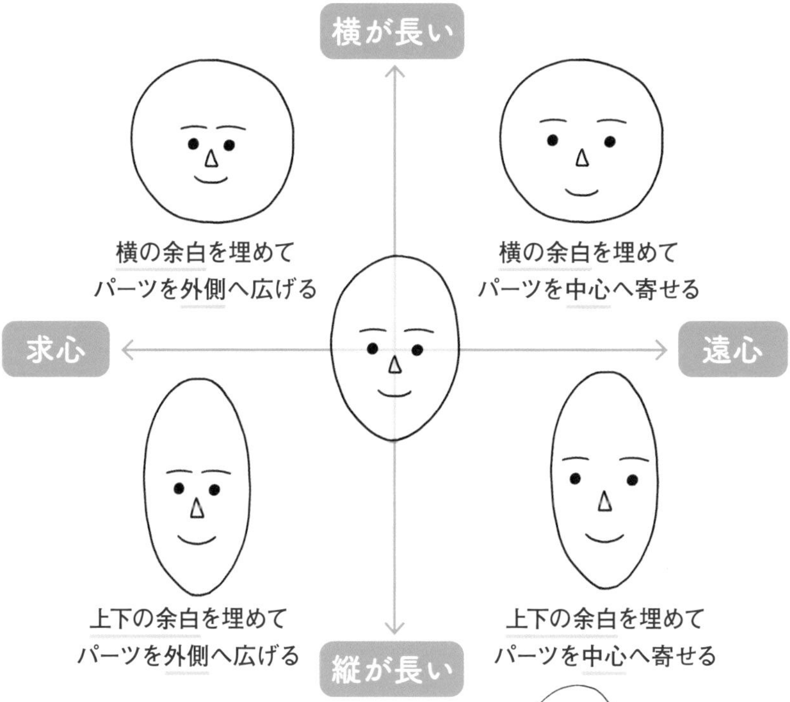
横が長い
横の余白を埋めて
パーツを外側へ広げる
横の余白を埋めて
パーツを中心へ寄せる
求心
遠心
上下の余白を埋めて
パーツを外側へ広げる
上下の余白を埋めて
パーツを中心へ寄せる
縦が長い

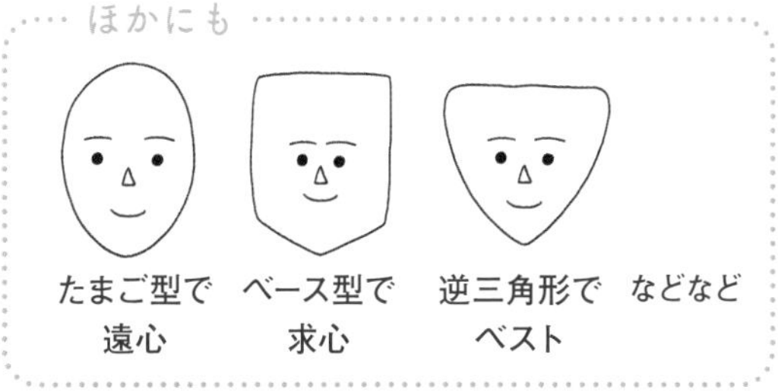
ほかにも
たまご型で
遠心
ベース型で
求心
逆三角形で
ベスト
などなど

私はたまご型で
求心だから〜〜…

つまり、自分の顔を黄金比に近づけるために
この2つを意識すればOK！
●余白を埋める部分（上下か横か）
●パーツを動かす方向（中心か外側か）

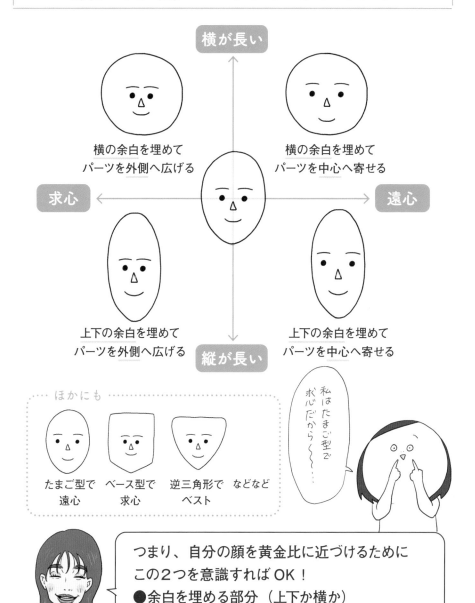

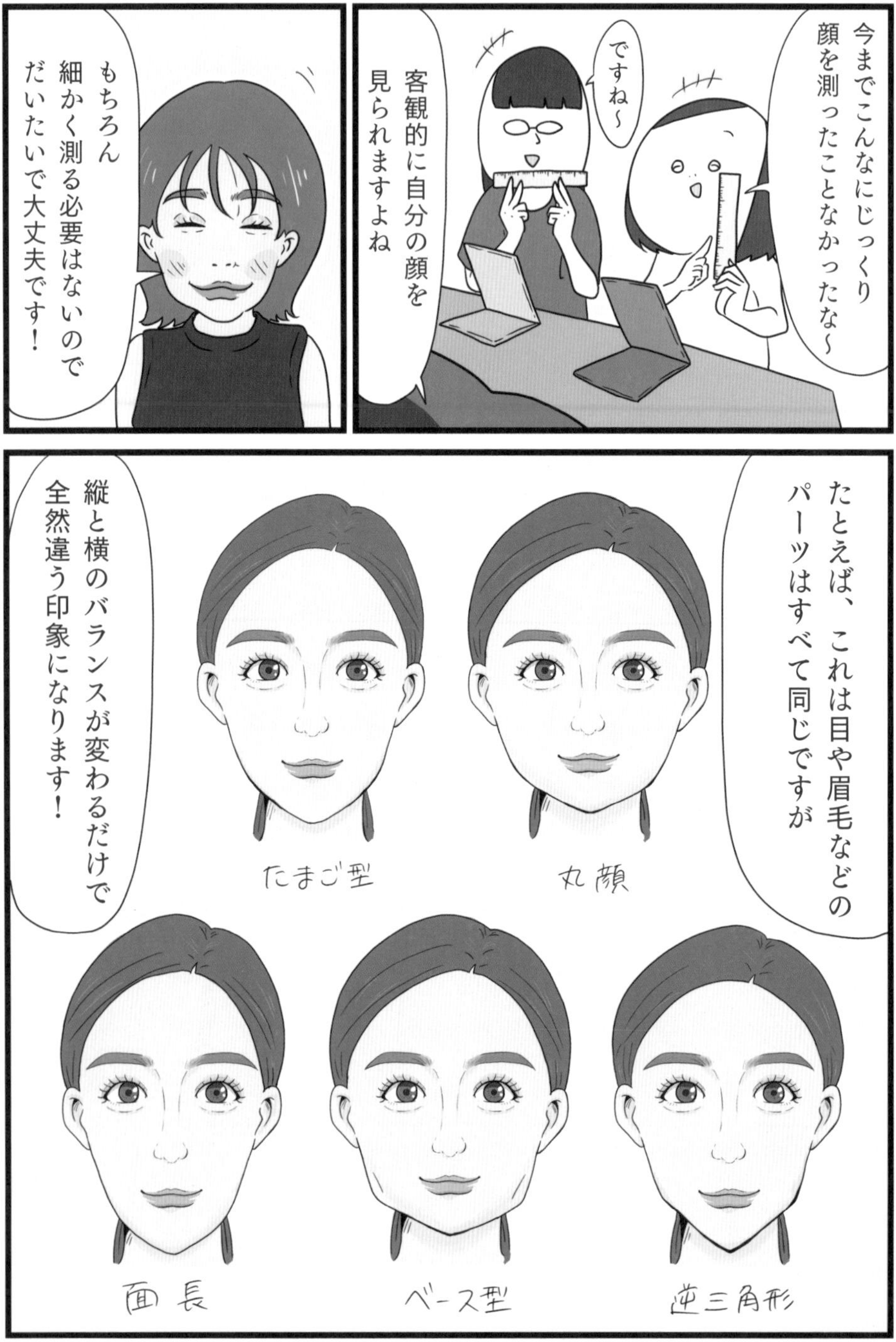
今までこんなにじっくり顔を測ったことなかったな〜
ですね〜
客観的に自分の顔を見られますよね
もちろん細かく測る必要はないのでだいたいで大丈夫です！
たとえば、これは目や眉毛などのパーツはすべて同じですが
縦と横のバランスが変わるだけで全然違う印象になります！
丸顔
たまご型
逆三角形
ベース型
面長

これはパーツも顔の輪郭も同じですが
配置のバランスが変わるだけで、
また全然違いますよね
求心顔
遠心顔
だからバランスは
顔の印象を決める上で
一番大切です！
たしかに全然違う！
おもしろい！
自分の顔のバランスがわかれば
黄金比に近づければいいので
自分に合ったメイクが
わかります！
いつまで測って
るんだろう……

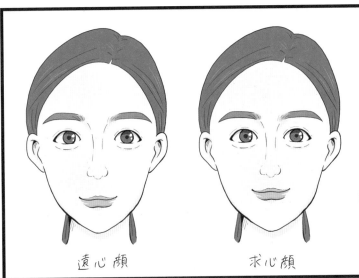

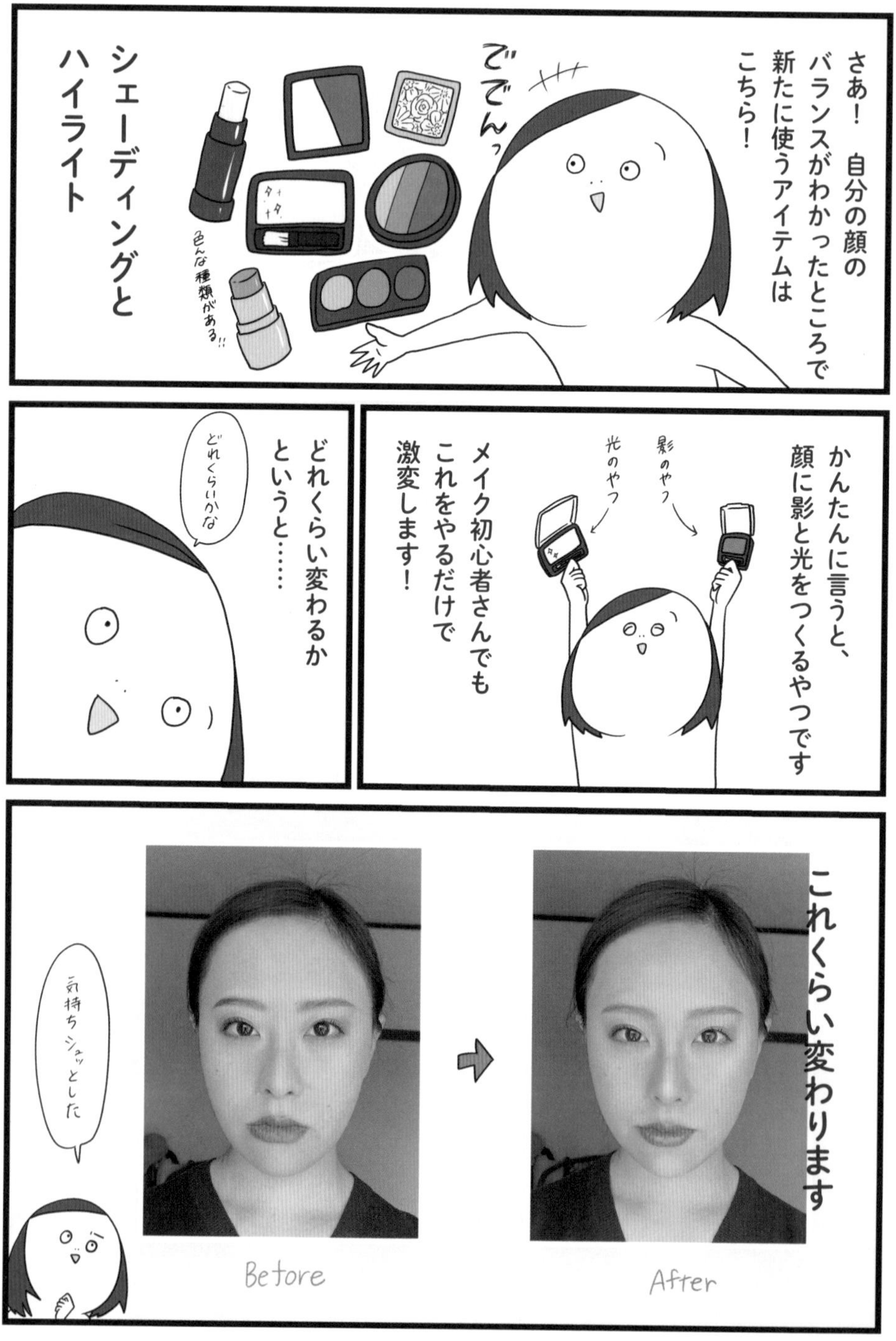
さあ！ 自分の顔のバランスがわかったところで新たに使うアイテムはこちら！
ででんっ
色んな種類がある!!
シェーディングとハイライト
かんたんに言うと、顔に影と光をつくるやつです
影のやつ
光のやつ
メイク初心者さんでもこれをやるだけで激変します！
どれくらい変わるかというと……
どれくらいかな
これくらい変わります
Before
After
気持ちシュッとした

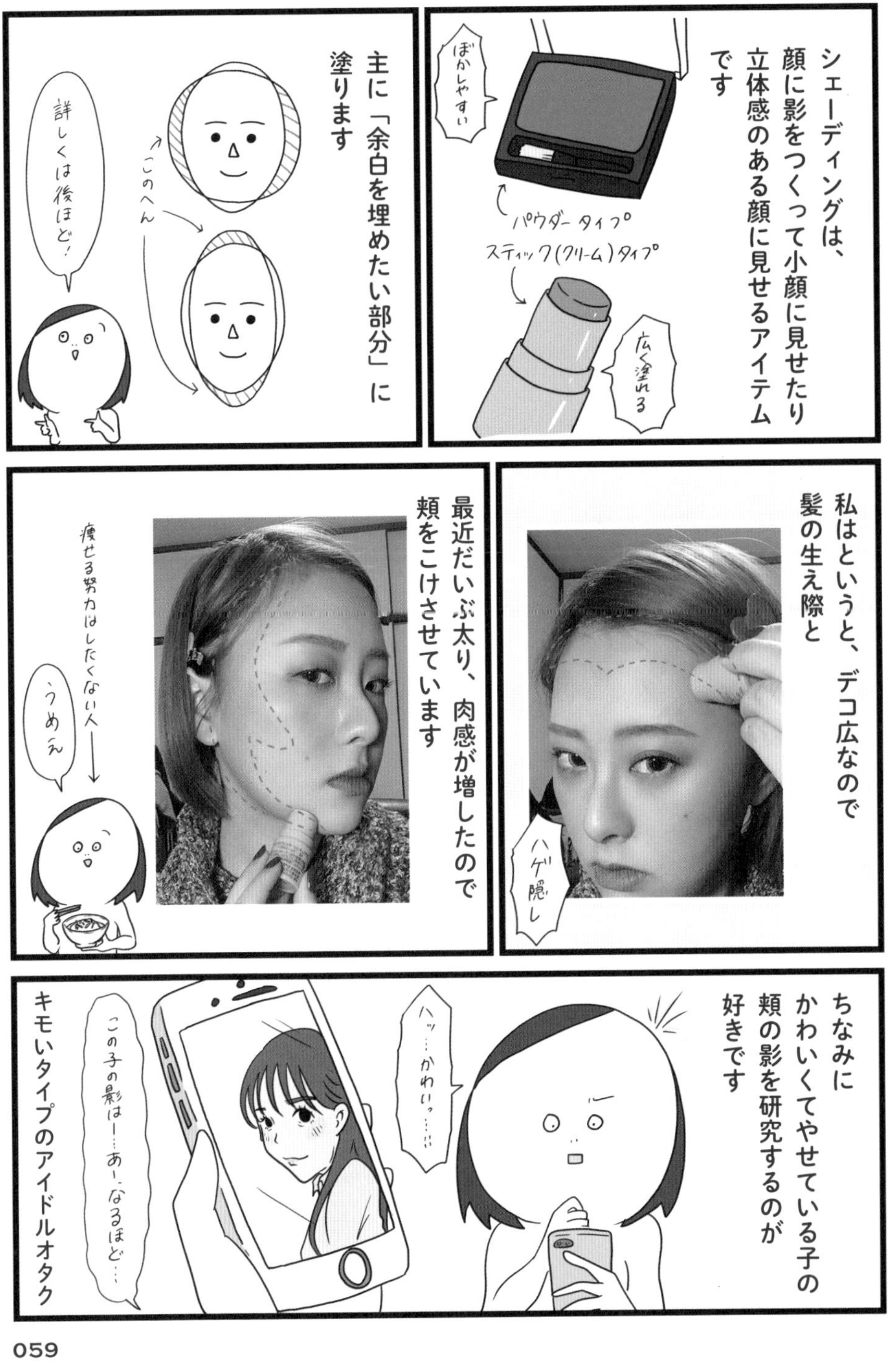
シェーディングは、顔に影をつくって小顔に見せたり立体感のある顔に見せるアイテムです
ぼかしやすい
パウダータイプ
スティック（クリーム）タイプ
広く塗れる
主に「余白を埋めたい部分」に塗ります
このへん
詳しくは後ほど！
私はというと、デコ広なので髪の生え際と
ハゲ隠し
最近だいぶ太り、肉感が増したので頬をこけさせています
痩せる努力はしたくない人
うめぇ
ちなみにかわいくてやせている子の頬の影を研究するのが好きです
ハッ…かわいっ…!!
この子の影はー…あー、なるほど…
キモいタイプのアイドルオタク

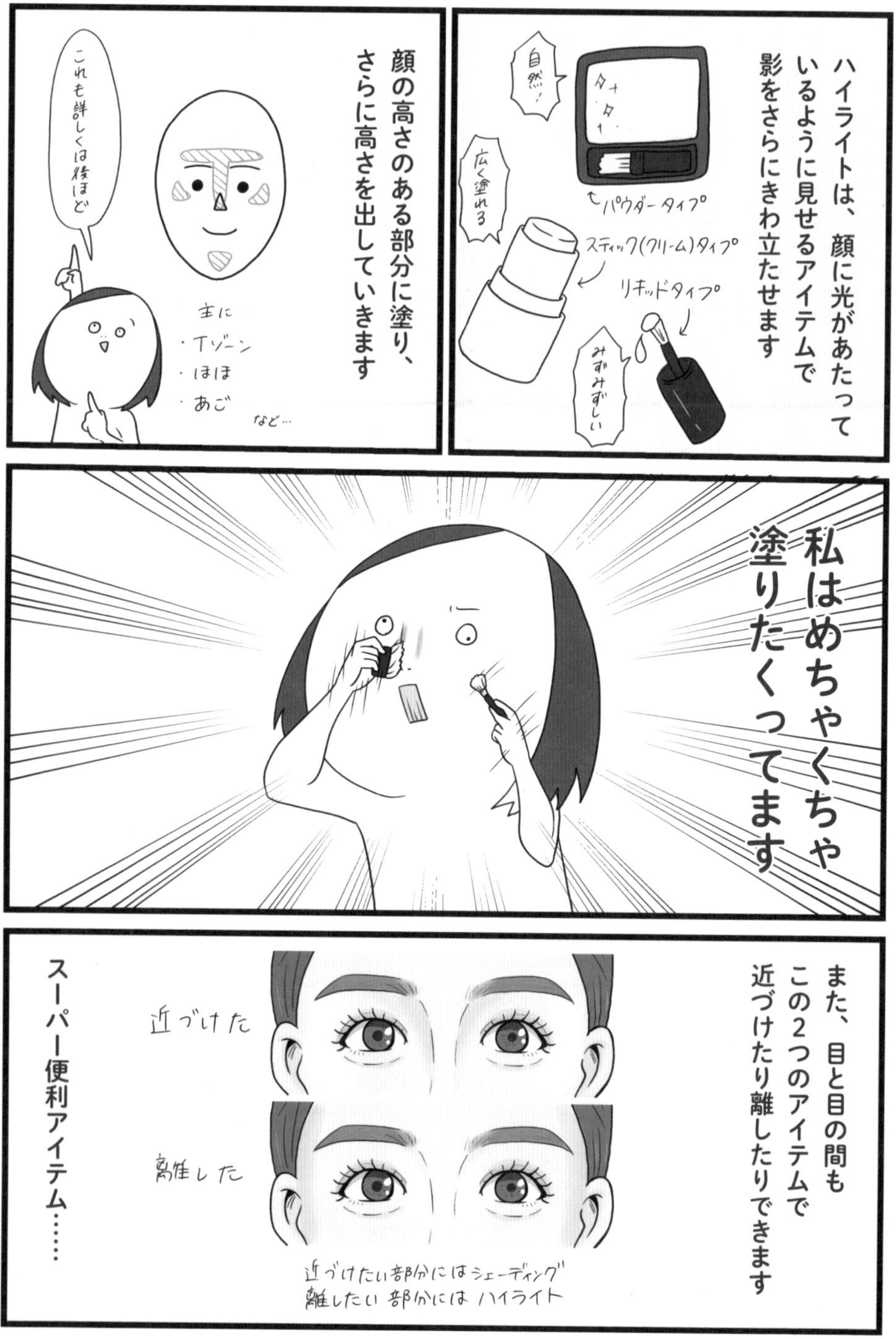
ハイライトは、顔に光があたっているように見せるアイテムで影をさらにきわ立たせます
自然！
パウダータイプ
広く塗れる
スティック(クリーム)タイプ
リキッドタイプ
みずみずしい
顔の高さのある部分に塗り、さらに高さを出していきます
これも詳しくは後ほど
主に
・Tゾーン
・ほほ
・あご
など…
私はめちゃくちゃ塗りたくってます
また、目と目の間もこの2つのアイテムで近づけたり離したりできます
近づけた
離した
近づけたい部分にはシェーディング
離したい部分には ハイライト
スーパー便利アイテム……

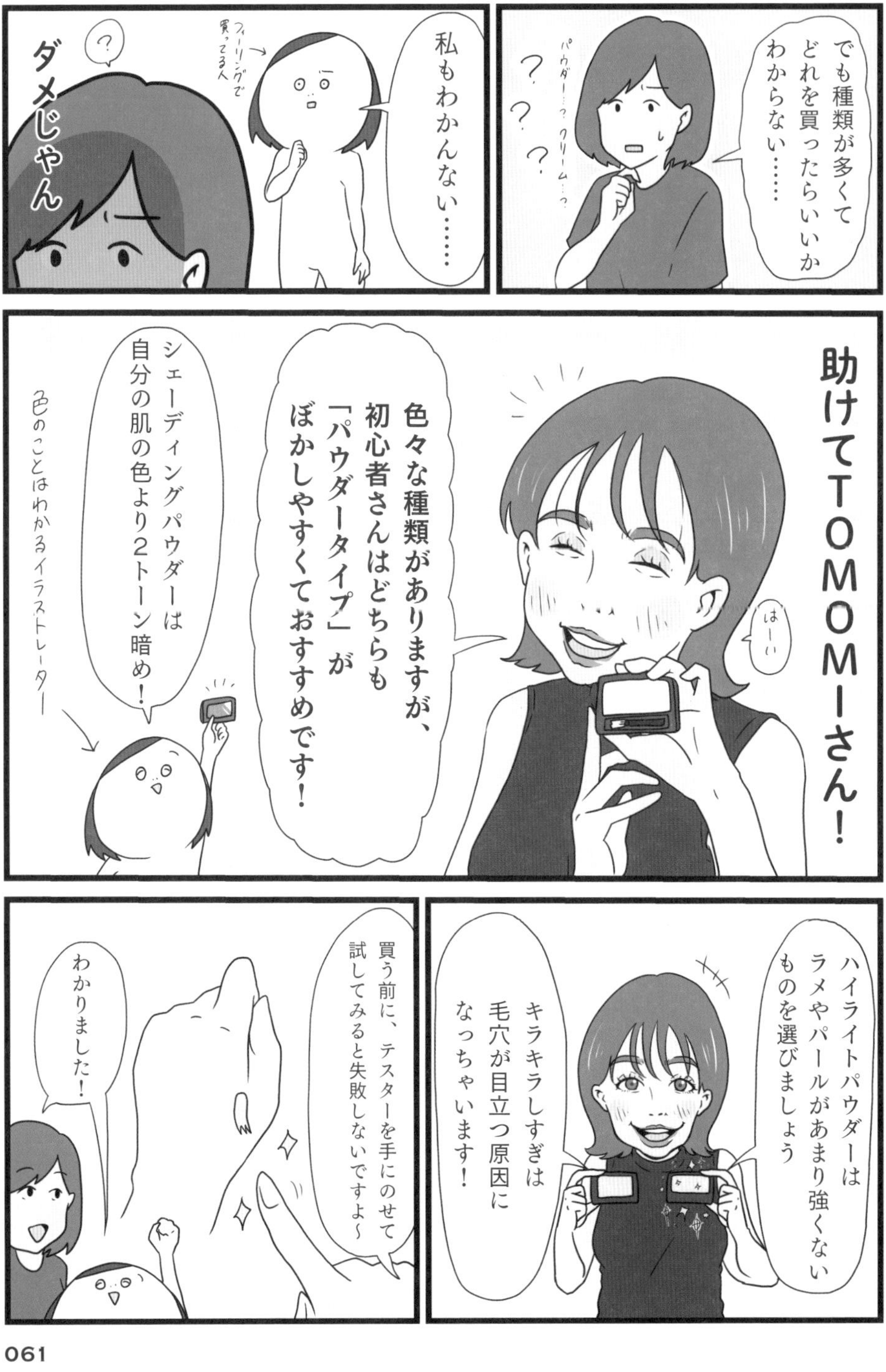
でも種類が多くてどれを買ったらいいかわからない……
パウダー…？クリーム…？
？？？
私もわかんない……
フィーリングで買ってる人
？
ダメじゃん
助けてTOMOMIさん！
色々な種類がありますが、初心者さんはどちらも「パウダータイプ」がぼかしやすくておすすめです！
シェーディングパウダーは自分の肌の色より2トーン暗め！
はーい
色のことはわかるイラストレーター
ハイライトパウダーはラメやパールがあまり強くないものを選びましょう
キラキラしすぎは毛穴が目立つ原因になっちゃいます！
買う前に、テスターを手にのせて試してみると失敗しないですよ～
わかりました！

光と陰のマジックで もとから彫りが深い顔になる

顔のバランス 1

「顔がのっぺり見える」「もっと彫りが深かったら……」
そんな悩みを解決してくれるアイテムが、シェーディングとハイライト。
上級アイテムに思われがちですが、コツさえわかれば実はかんたん！
顔に凹凸をつくることで、立体感のある顔をつくることができます。

顔に光と影を足すと、こんなに変わる！

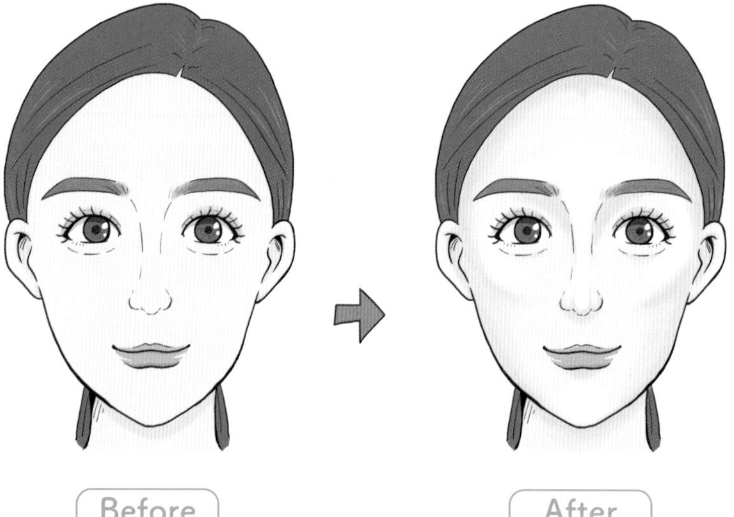

Before
（シェーディングとハイライトなし）
なんだか顔がのっぺり…

After
（シェーディングとハイライトあり）
彫りが出現し、目鼻立ちがくっきり！

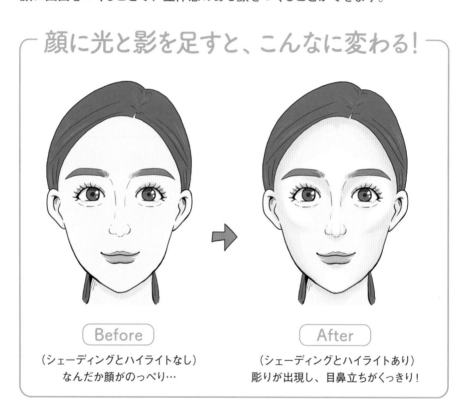

シェーディング＆ハイライトの基本

自然な立体感を出すポイントは、自分がもっている元の骨格を生かすこと。そのため、入れる位置は顔タイプによって異なりますが、まずは基本の動きを習得するために「たまご型」を例に見ていきましょう。

＜シェーディング＞

顔に影をつけて立体感を出す。フェイスラインの悩みをカバーし、小顔効果も。

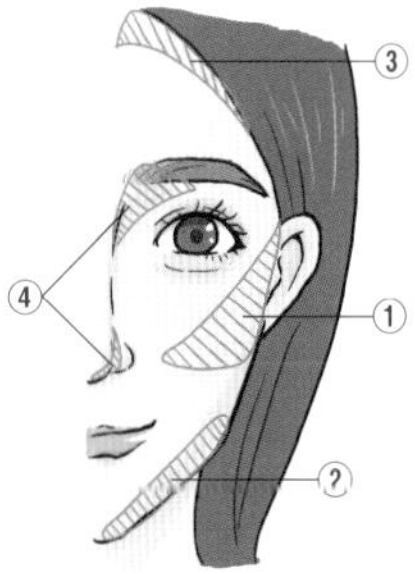

基本の位置

①**頬骨の下** ………………… 頬のお肉をスッキリ見せる
②**あごのライン** ………… フェイスラインをシャープに見せる
③**髪の毛の生えぎわ** … おでこを狭く見せる
④**鼻（眉下と鼻先）**…… 鼻を高く見せる
（▶75p ノーズシャドウ）

＜ハイライト＞

顔の高さのある部分に光があたっているように見せることで、立体感を出す。ツヤを出して美肌効果も。

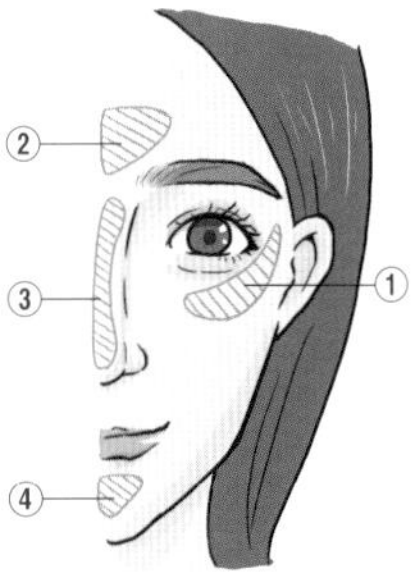

基本の位置

①**C ゾーン** …… 眉下から黒目の下を結んだ頬骨の部分。頬を高く見せ、目元のリフトアップ効果も。
②**おでこ** ………… おでこに高さを出し、立体感を出す。
③**鼻筋** …………… 鼻筋をキレイに見せて、鼻に高さを出す。
④**あご** …………… フェイスラインをシャープに見せる。

パウダータイプの場合、入れる順番は「**ベースメイク→シェーディング→チーク→ハイライト**」がおすすめ。どちらも入れすぎると不自然になるので、位置ごとにブラシに粉をのせたら、手の甲でワンバウンドしよう。

STEP 1

顔に影の部分をつくる

アイテム
シェーディングパウダー

① 頬骨の下に入れる

ブラシを耳穴の横におき、
頬骨の下を通るように
ななめにスーッと下ろす。

② ぼかす

①で入れたラインが目立たないように、
ブラシを下方向に動かしてぼかす。

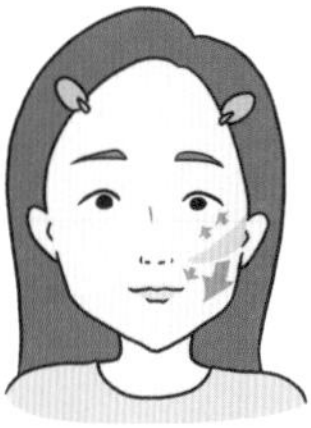

③ あごのラインに入れる

ブラシを耳たぶの後ろにあるくぼみにおき
あごのラインにそってスーッと下ろしたら
ななめ上方向にぼかす。

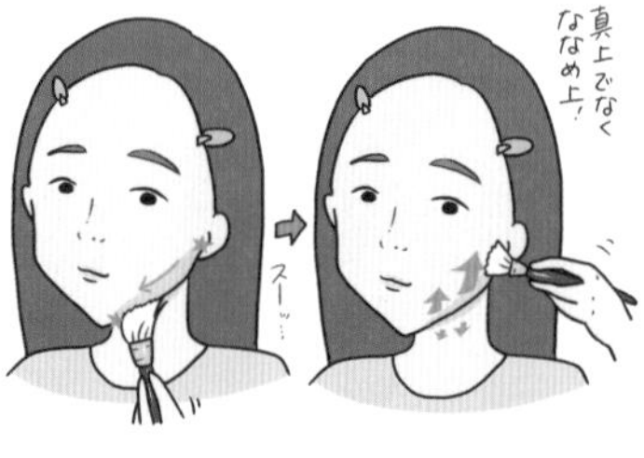

④ 髪の生えぎわに入れる

ブラシをおでこの一番高い位置におき、
髪の生えぎわにそって入れたら
下方向にぼかす。

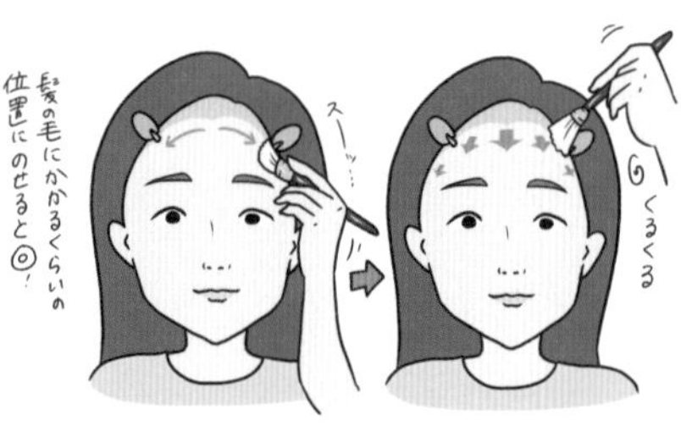

STEP 2 顔に光があたる部分をつくる

アイテム
ハイライトパウダー

① Cゾーンに入れる

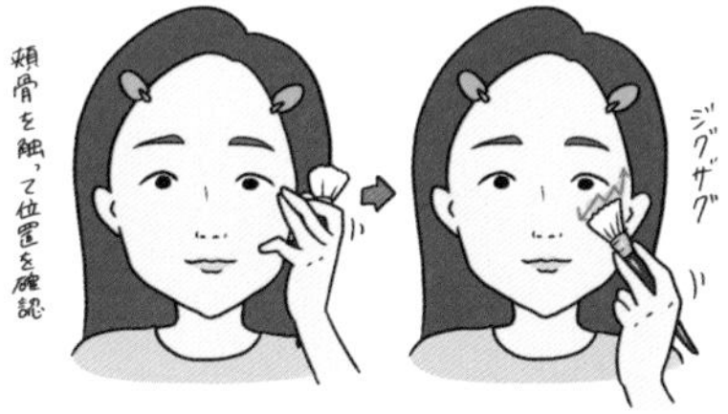

ブラシを眉尻の下におき
頬骨にそってジグザグと動かしながら
黒目の下まで入れる。

② おでこに入れる

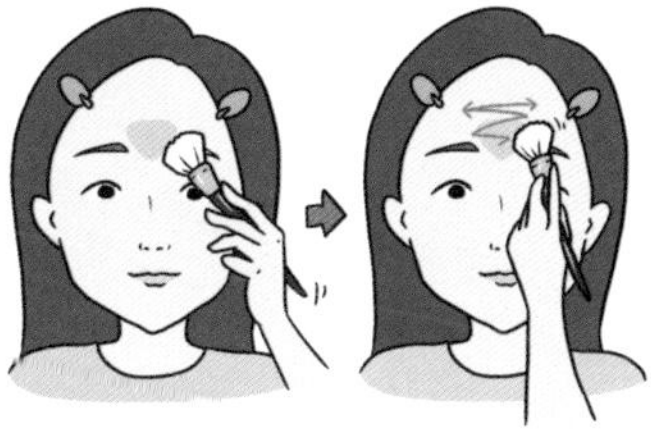

ブラシをおでこにのせて
左右にふんわりなでるように入れる。

③ 鼻筋に入れる

ブラシを目と目の間におき、縦にスッと下ろす。
毛先を寝かさずに、細く入れるのを意識！

④ あご先に入れる

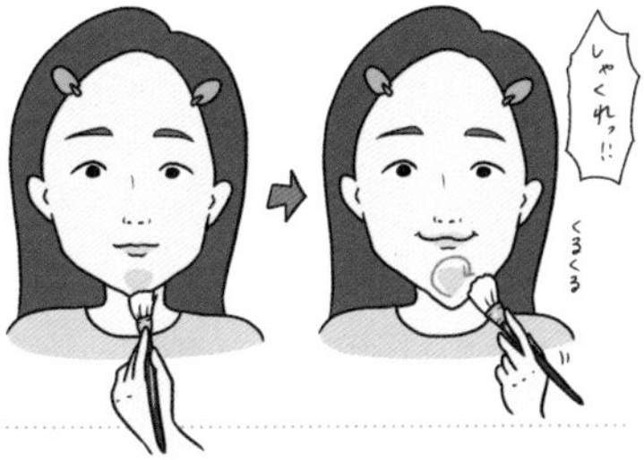

ブラシを下唇の下におき
円を描くように入れたら完成！

シェーディング＆ハイライトまとめ

「最初のワンバウンド」と「入れるライン」で
シェーディング＆ハイライトブスは防げる！

余白を埋めるだけで理想の小顔はつくれる

顔のバランス 2

怖くて思わず二度見シェーディングブス

影にしては
目立ちすぎ
色が濃すぎて
顔が2色に
骨格を完全に無視
外国人風メイクに
憧れている
デー◯ン閣下？

ここがブスメイク

本来、顔の影は骨など高さのある部分にしかできないもの。骨格を無視したシェーディングは、違和感のある顔に。
肌の色より影の色が目立ってしまうのもNGです。「ちょっと足りないかな？」と思うくらいが自然な仕上がりに。

顔タイプ別・シェーディングのポイント

ポイント

顔タイプによって、効果的な影の場所は異なる！
「たまご型からはみ出る部分」に入れよう

① 丸顔さんの場合

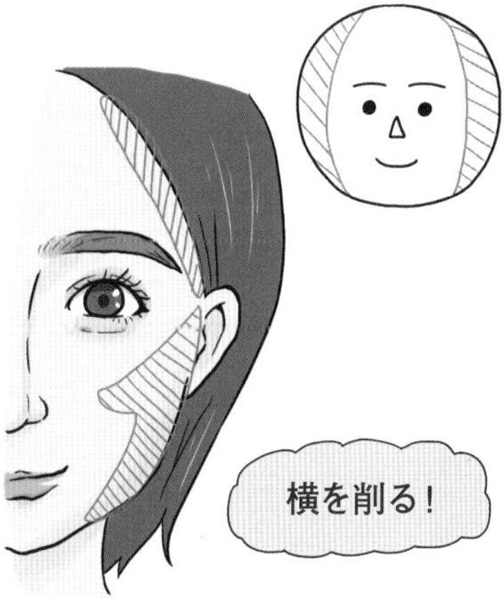

- **頬骨の下**
- **あごのライン**
- **髪の生えぎわ（横）**

横の余白が埋まり
小顔に見える！

頬骨が出ていて気になる人は
あごのラインだけでOK

② 面長さんの場合

- **あご先**
- **髪の生えぎわ（上）**

上下の余白が埋まり
バランスよく見える！

頬骨の下に入れると、
顔の長さをさらに強調してしまうので
NG！

③ ベース型さんの場合

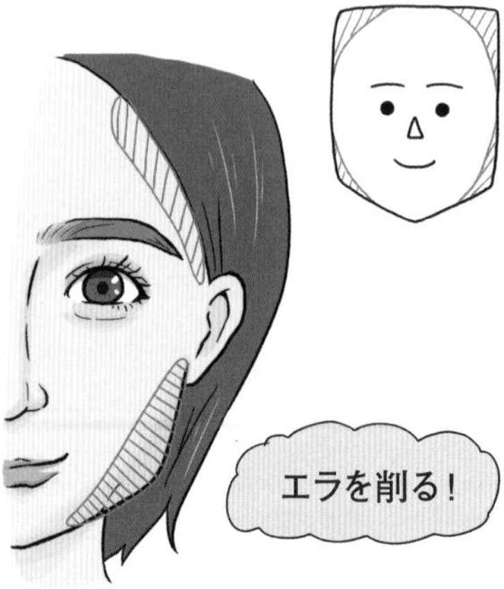

・エラ部分
・髪の生えぎわ（横）

**エラが目立たなくなり
小顔に見える！**

頬骨の下に入れると
さらにエラを強調してしまうので NG！

④ 逆三角形さんの場合

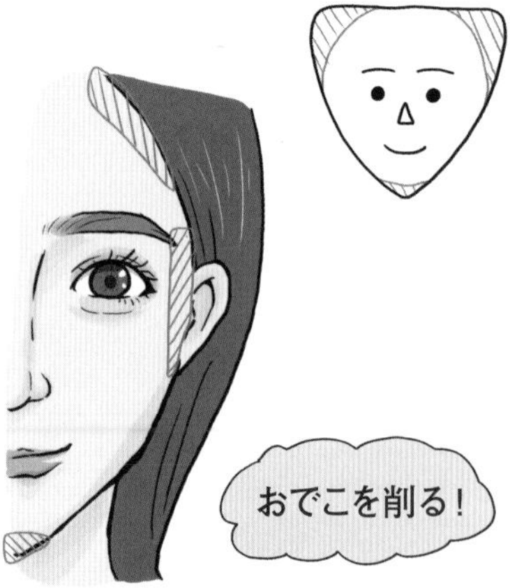

・あご先
・髪の生えぎわ〜こめかみ

**おでこの余白が埋まり
バランスよく見える！**

頬骨の下に入れると
さらに骨ばって見えるので NG！

悩み別・シェーディングのテクニック

部分的に気になるところも、影を入れてカバーすることができます。

おでこが広い

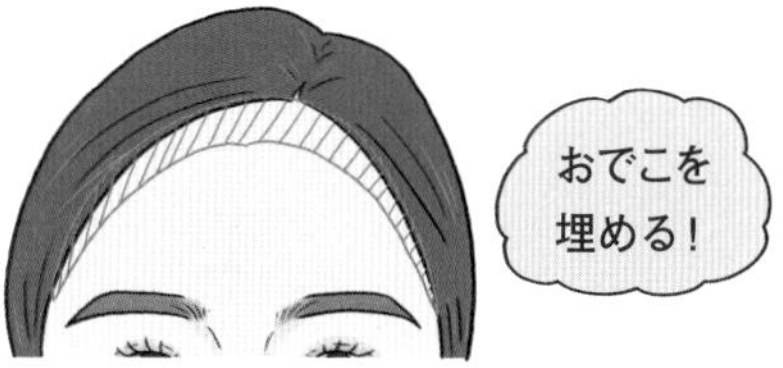
おでこを
埋める！

髪の生えぎわ全体に入れる。
塗り残しに注意。

頬のお肉が気になる

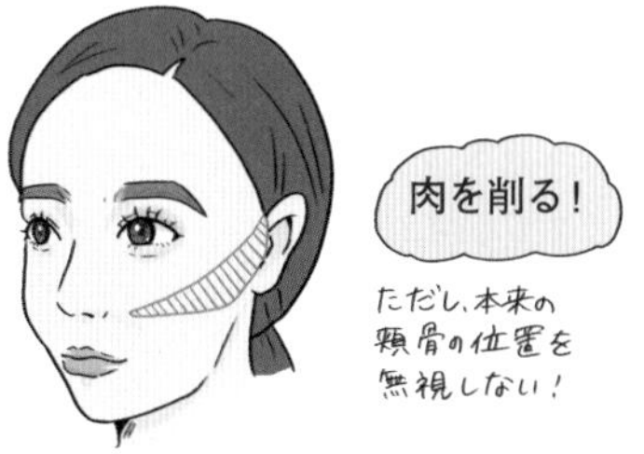
肉を削る！
ただし、本来の
頬骨の位置を
無視しない！

耳穴の横から、小鼻に向かうライン！

鼻の下が長い

鼻の下の
余白を埋める

鼻の下に影をつくると短く見える！
（▶リップとの合わせ技は 94p へ）

二重あご

エラをつくる！

あごの下とエラのラインをハッキリめに！

下唇が薄い

目の錯覚で
厚みをつくる！

下唇の下に影をつくると立体感が出る！
（▶リップとの合わせ技は 92p へ）

あと、求心顔さんは
顔まわり全体に塗ると
外側の余白が埋まって
バランスよく見えるよ！
逆に遠心顔さんはやりすぎ注意！

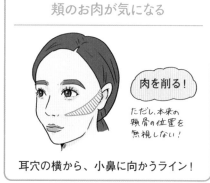

必要な場所に光を集めて ツヤ肌も小顔も手に入れる

顔のバランス 3

不気味な光を放つハイライトブス

立体感ゼロ
なんなら
光がない場所でも
輝いていて怖い
不自然に輝く肌
常にテカっている
みたい
ところどころ出現する
謎の光

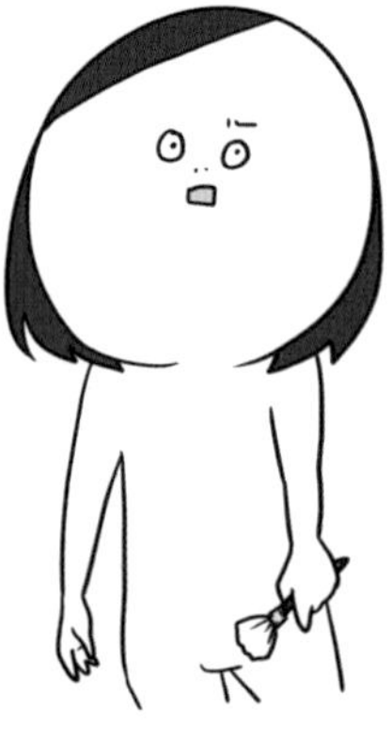

ここがブスメイク

光と影はあくまでもセット。ハイライトばかり目立つと、膨張して顔デカになるので要注意！　光りすぎると顔がテカって見えてしまうことも。
シェーディングと同じく、入れすぎないように加減して。

顔タイプ別・ハイライトのポイント

ポイント

顔タイプによって、効果的なハイライトは異なる！
本当に必要な部分だけに、光を集めよう！

① 丸顔さんの場合

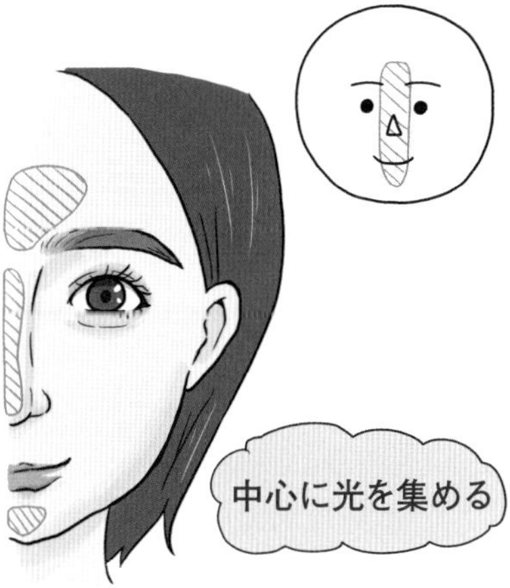

- **おでこ～鼻筋**
- **あご先**

中心に立体感が出て
小顔に見える！

Cゾーンに入れると、
さらに横に膨張して見えるのでNG！

② 面長さんの場合

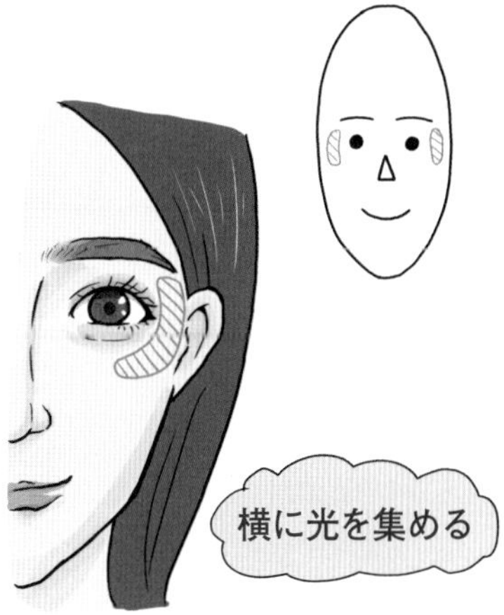

- **Cゾーンのみ**

横に立体感が出て、
バランスよく見える！

おでこや鼻筋に入れると
さらに顔の長さを強調してしまうので
NG！

③ ベース型さんの場合

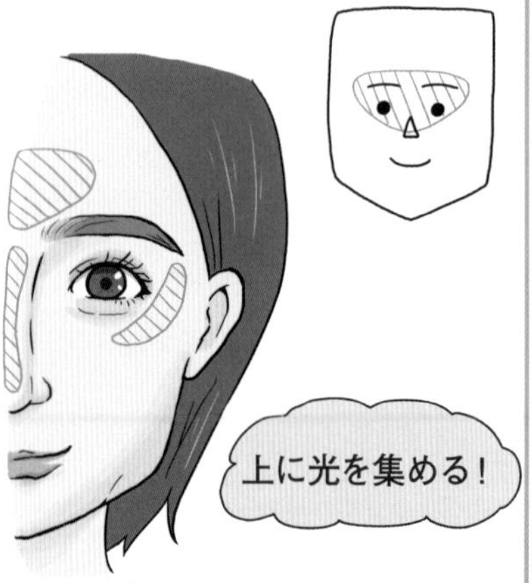

- **Cゾーン**
- **おでこ〜鼻筋**

**上に立体感を出して
エラから視線をそらせる!**

横の余白が多めな人は
Cゾーンはやらなくても OK

④ 逆三角形さんの場合

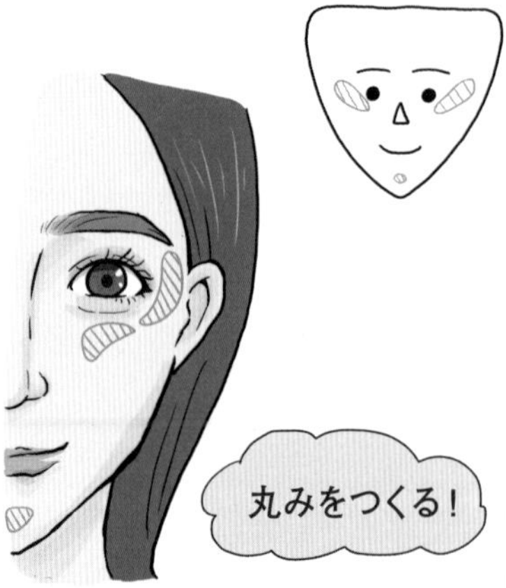

- **Cゾーン〜頬骨の上**
- **あご先**

**頬に丸みを出して
やわらかい印象に!**

頬がこけていて肉感を出したい場合も
ここに入れると◎

悩み別・ハイライトのテクニック

部分的に気になるところも、光を足してカバーすることができます。

眉がぼやける

輪郭を強調！

眉尻を囲むように入れると、
輪郭がきわ立つ。

顔の血色が悪く見える

顔全体に入れて
ツヤのように！

鼻から頬にかけて軽く入れる。

目と目の距離が近い

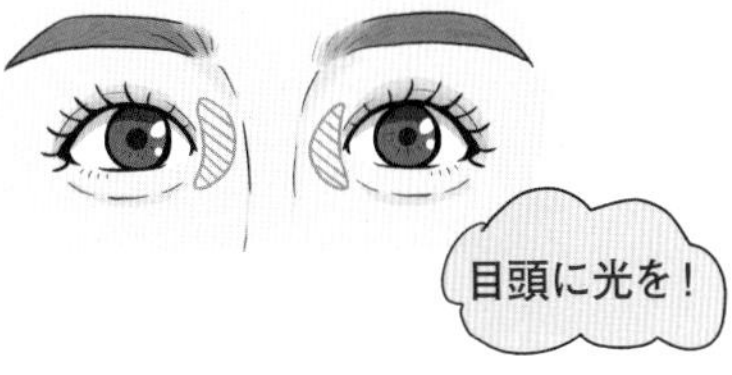
目頭に光を！

目頭を囲むように入れると、離れて見える。
（▶アイメイクとの合わせ技は 80p へ）

上唇が薄い

光で立体感を！

上唇の上に指でポンポンとのせると、
ぷっくり唇に。
（▶リップとの合わせ技は 92p へ）

いろんな色があるけど初心者さんは上の3つから選ぶのがおすすめ！
私は薄くホワイトを塗ったあと、パールゴールドをポイントでちょっとのせてるよ！

ハイライトの色選びで迷ったら

ベージュ
自然な明るさ！
特に色黒さんにおすすめ。

ピンク
くすみをカバーして
肌をトーンアップ！

ホワイト
立体感を出しやすい。
ラメは少なめが◎。

ラベンダー
クマやくすみが
気になる人に。

ゴールド
華やかな仕上がりで
特別な日に。
色黒さんになじみやすい。

マーブル
ツヤ感アップ！
色が混ざり合って
白浮きしづらい。

さりげない陰影だけで整形級の鼻になる

顔のバランス
4

Before 鼻詐欺バレバレ ノーズシャドウブス

真下にのびた鼻筋が描きました感
しっかりぼかせていない&色が合っていない
不自然すぎて真っ先に鼻に目がいってしまう
鼻がのびているみたい
ジ○リの神様で見た気がする

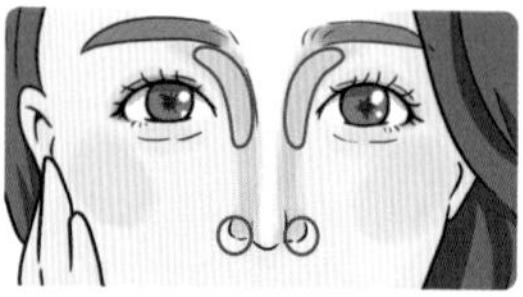

眉頭の下と鼻先のみでOK

After

目鼻立ちがくっきり見える!

ここがブスメイク

つい頑張りすぎてしまいがちなノーズシャドウですが、入れているのがバレた時点で失敗メイク！
鼻筋全体に入れたり、色をのせすぎたりすると、むしろ鼻を強調してしまいます。

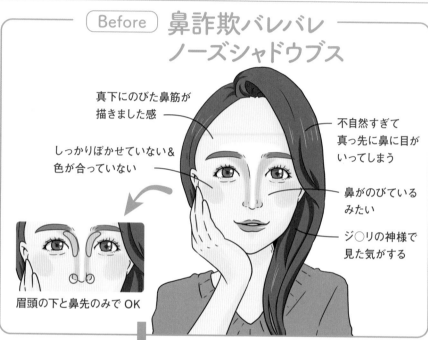

ノーズシャドウの基本

シェーディング＆ハイライトの応用テクニック。鼻の形は変えられないと諦めがちですが、光と影を足せばスッとした鼻筋や、高さのある鼻をつくることができます。

STEP 1 鼻に影の部分をつくる

アイテム

シェーディングパウダー or アイブロウパウダー

① 使う色をチェック

やわらかいブラシに
シェーディングパウダーをのせる。
アイブロウパウダーでも代用 OK！
パウダーの色がいくつかある場合は、
★印の２色を混ぜて使う。

② 眉頭の下に入れる

ブラシを眉頭の下におき
図のくぼみの部分に入れてぼかす。
自然な彫りが生まれ、鼻に高さが出る！

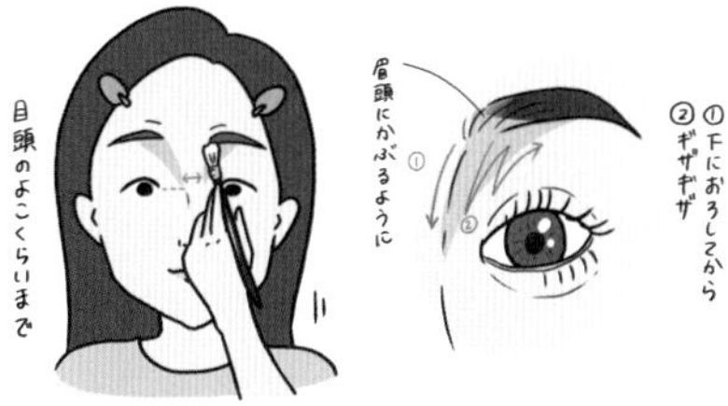

③ 鼻先に入れる

鼻先に U の字を描くように入れたら
線にならないように、軽く指でぼかす。
ツンと高さのある鼻先に！

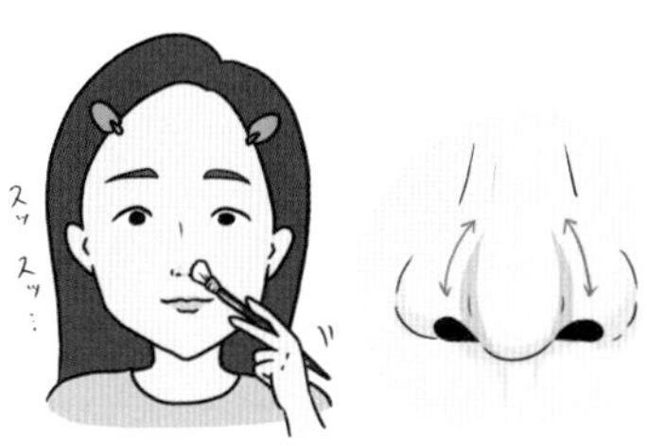

STEP 2 鼻に光があたる部分をつくる

アイテム
ハイライトパウダー

① 鼻筋に入れる

上から下に
スーーッ…

ハイライトパウダーをのせたブラシを
目と目の間においたら
下へスーッと下ろす。

② ポイントに入れる

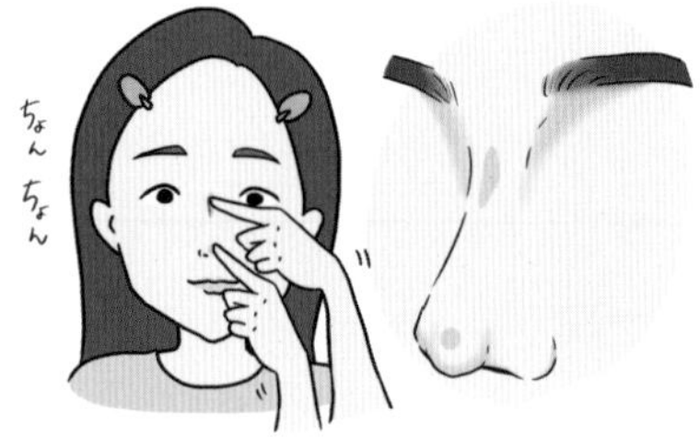
ちょん ちょん

鼻のつけ根や鼻先など
特に高く見せたい部分には
指でチョンとのせる。

すれみの鼻で見るビフォーアフター

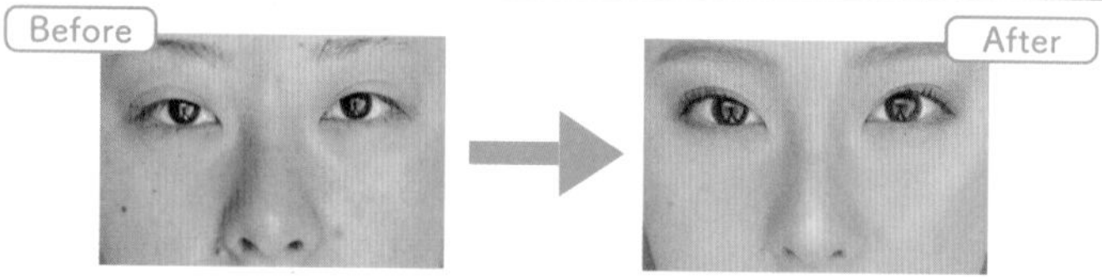
Before
After

ノーズシャドウまとめ

「光と影のメリハリ」で
ノーズシャドウブスは防げる！

悩み別・ノーズシャドウのテクニック

基本のやり方でも十分に鼻筋や鼻の高さは作れますが、さらに応用編。
悩みによって、より効果的な影の場所があります。

鼻が低い

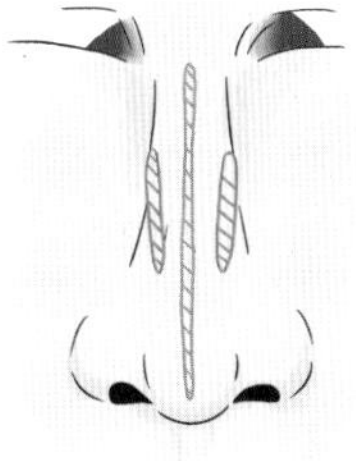

まっすぐの影を追加&
細いハイライト

たてを意識!

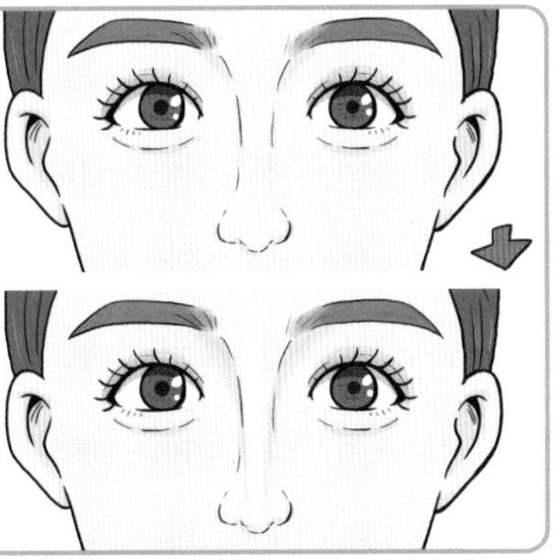

小鼻が広がっている(団子鼻)

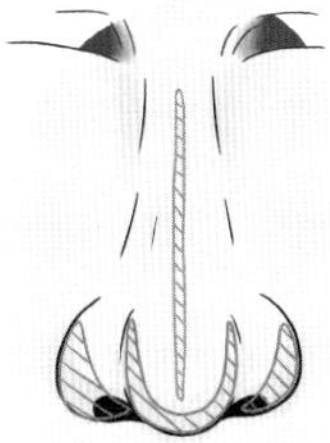

小鼻にも影を追加

小鼻を削って
小さく見せる!

やりすぎると余計
鼻を強調させて
しまうので、ほどほどに!

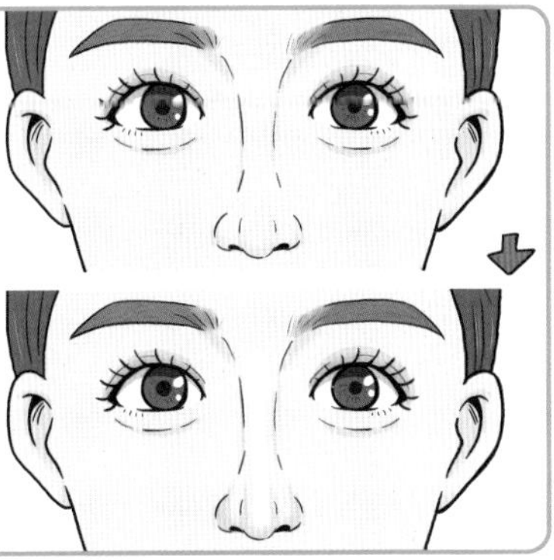

鼻が大きい

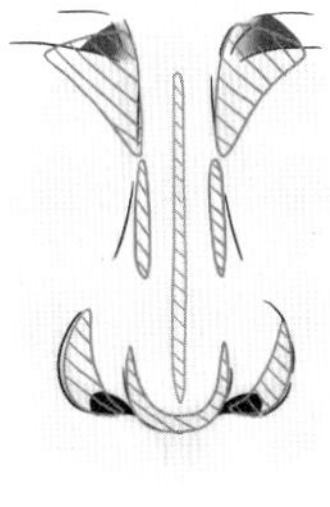

上の2つに眉頭の下も追加。
眉下は少しくぼんでいる
ところに広めに入れる

鼻を削る

やりすぎNG

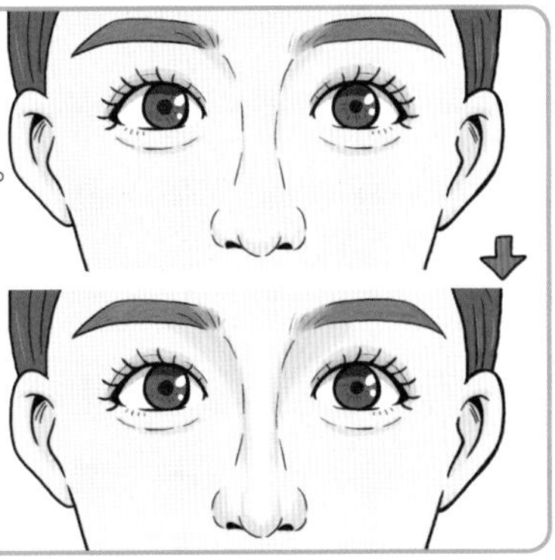

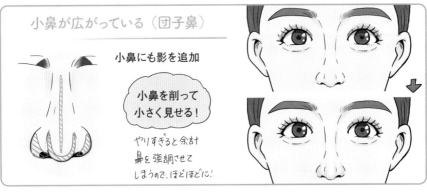

「大きな目」よりも「バランスのいい目」を目指す

顔のバランス 5

Before デカ目だけを意識しすぎアイメイクブス

余りまくる
こめかみの余白
デカ目を
意識するあまり
求心顔をさらに
強調
逆効果な
目頭切開ライン

アイライナーとアイシャドウで外側に広げて余白を埋める

After

バランスのいい
デカ目に！

＼ここがブスメイク／

・丸顔さん
・求心顔さん

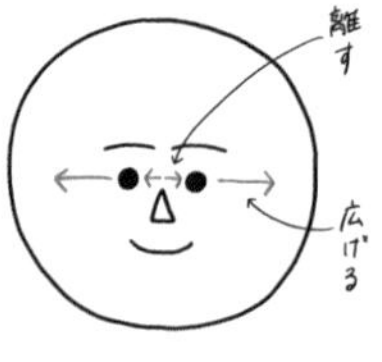
離す
広げる

目の大きさを上ばかり意識して横の余白がそのままだとバランスが悪く見えてしまいます。

顔タイプ別・アイメイクのポイント

ポイント

「顔の端から目：目の横幅：目と目の間」が
「1：1：1」になるように、外側 or 中心に寄せる！

① 求心顔さんの場合

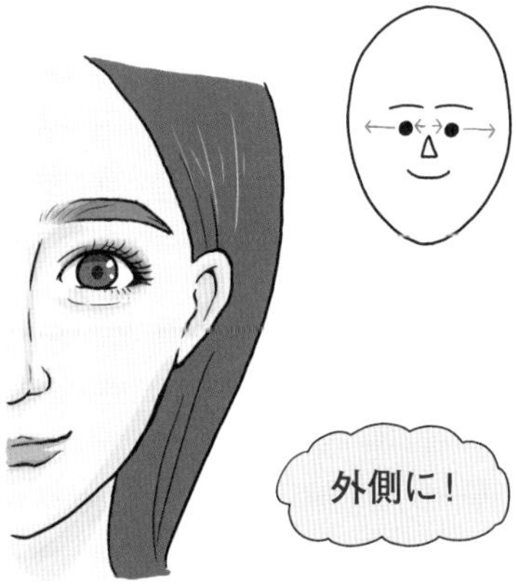

- アイシャドウは目尻側に濃い色を
- アイラインは外側に長めに
- マスカラは横へ
- 目頭にハイライト

横の余白が埋まり、
バランスよく見える！

目頭へのアイラインやノーズシャドウは
さらに目が寄って見えるので NG！

② 遠心顔さんの場合

- アイシャドウは目頭に濃い色を
- アイラインを目頭に引く
- マスカラは上下に
- 眉下にノーズシャドウ

中心の余白が埋まり、
バランスよく見える！

長めのアイラインや、
目頭へのハイライトは
さらに目が離れて見えるので NG！

求心顔さんのアイメイクのコツ

① アイシャドウで目尻側を濃くする

アイホール全体と下まぶたに A をのせたら
目尻の 3 分の1に D を入れて、
B か C で境目をぼかす。

A
B
C
D

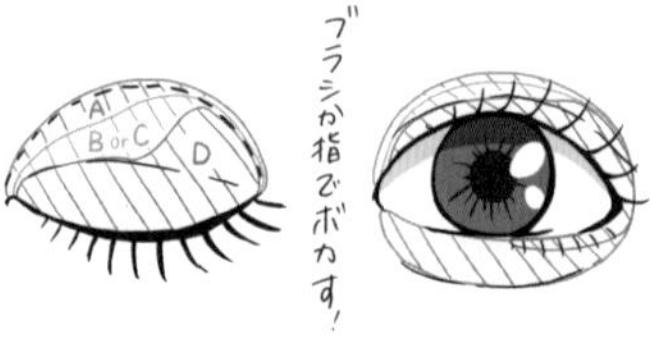

A
B or C
D
ブラシか指でボカす!

② アイライナーを外側に長めに引く

アイライナーで目のきわを埋めたら、
カーブの延長線上を1～2ミリ長めに引く。

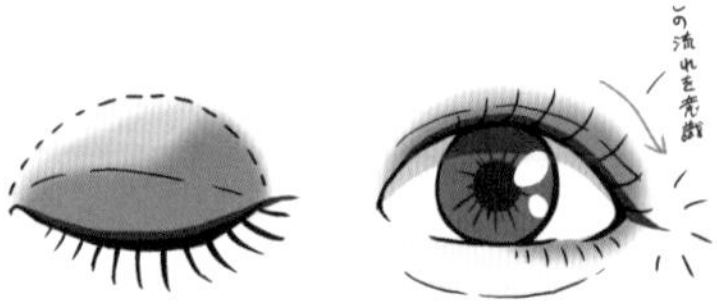

この流れを意識

③ マスカラでまつ毛を横に流す

ビューラーをしたら、
マスカラを横向きに塗る。

ぬりぬり
外側に～～!!

④ 目頭にハイライトを入れる

ハイライトを目頭にくの字で入れる。
ハイライトがない場合は、
アイシャドウの一番明るい色（A）を
チップでのせても OK。

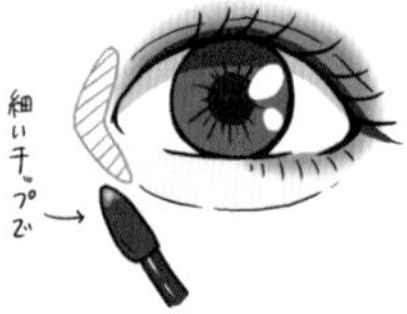

細いチップで

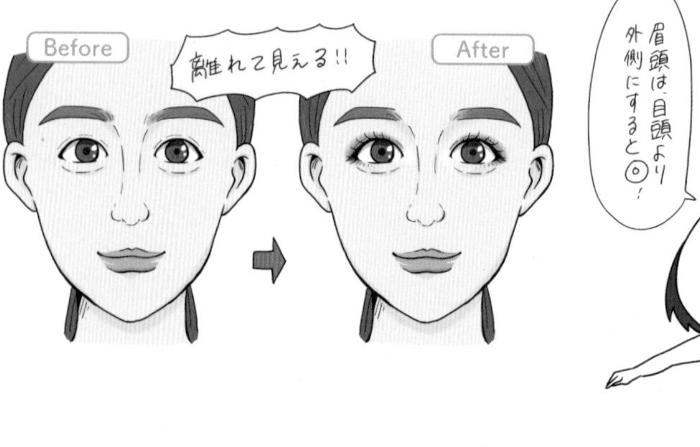

Before
離れて見える!!
After
眉頭は目頭より外側にすると◎!

遠心顔さんのアイメイクのコツ

① アイシャドウで目頭側を濃くする

アイホール全体と下まぶたに A をのせたら
目頭の 3 分の1に D を入れて、
B か C で境目をぼかす。

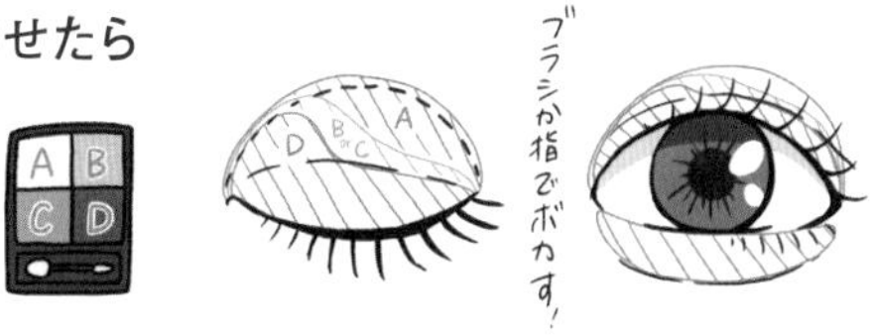
A
B
C
D
ブラシか指でボカす!

② アイライナーを内側に引く

アイライナーで目のきわを埋めたら
目頭の延長線上を1ミリほど長めに引く。

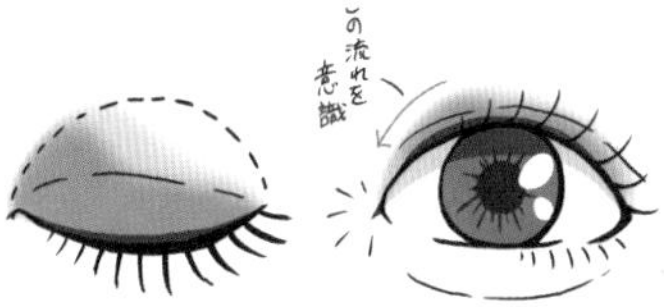
この流れを意識

③ マスカラでまつ毛を上下に流す

ビューラーをしたら、
マスカラを上下に塗る。

ぬりぬり
上下に〜〜!!

④ 眉下にノーズシャドウを入れる

眉下のノーズシャドウを
広めの幅で入れる。

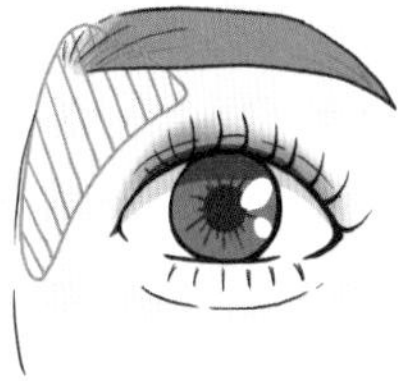

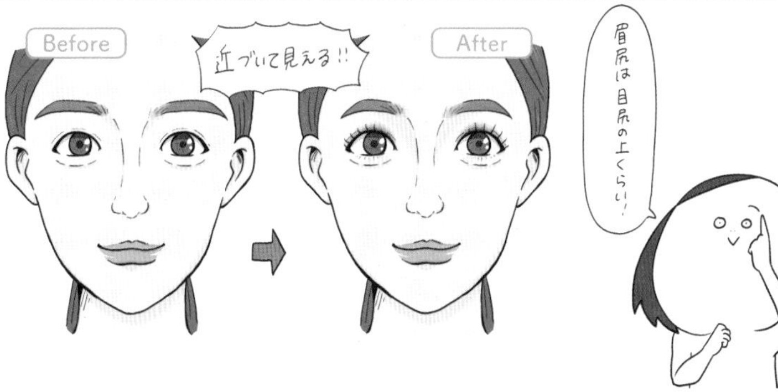
Before
近づいて見える!!
After
眉尻は目尻の上くらい!

目力アップはカラコンに頼ってもいい

顔のバランス 6

Before 人間を通り越して宇宙人カラコンブス

目の大半を占めるデカすぎるカラコン
目はデカければいいと思っている
大体涙袋も不自然

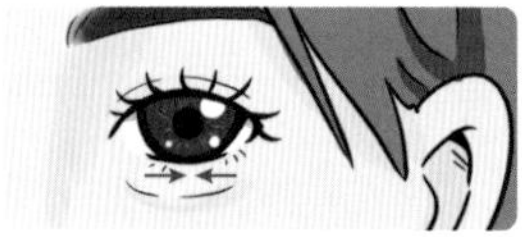

黒目の割合を減らす

After

吸い込まれそうな瞳で目力アップ！

ここがブスメイク

美しい瞳の黄金比は1：2：1

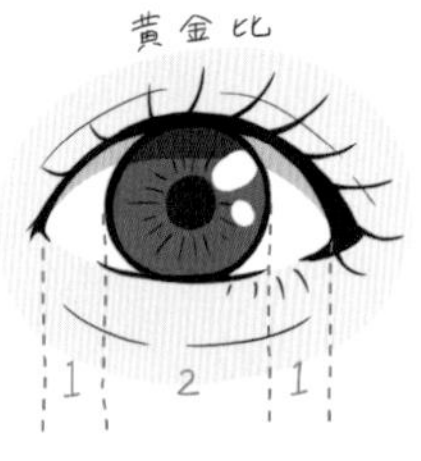
黄金比
1
2
1

これよりも黒目の部分が大きくなると、人工的な顔になって目だけ浮いてしまいます。

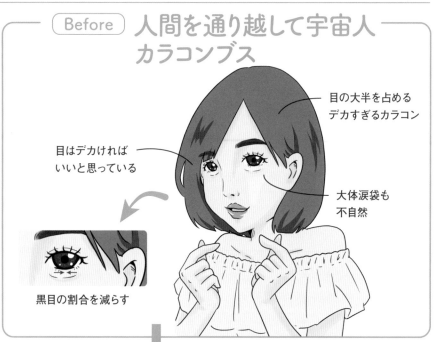

カラーコンタクトの基本

ポイント

「カラコン＝ギャル」のイメージはもう古い！
白目と黒目を1：2：1にするだけで、美人な目元に変身！

瞳の黄金バランス

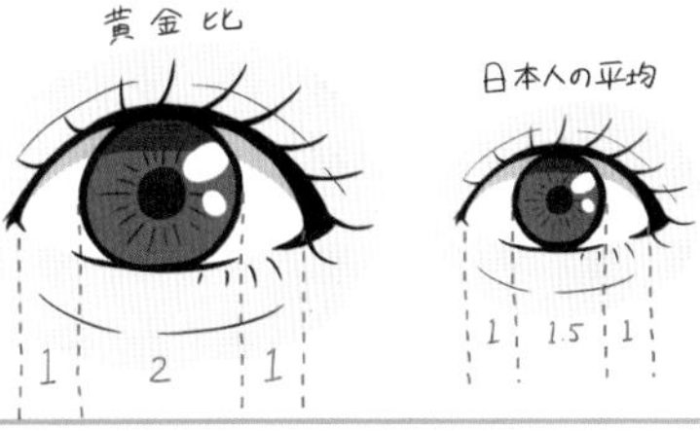
黄金比
1
2
1
日本人の平均
1
1.5
1

ポイントは、白目と黒目のバランス。
黄金バランスが1：2：1に対して
日本人の平均的な比率は1：1.5：1なので、
カラコンで黒目部分をひと回り大きくすると
Good。

サイズの選び方

カラコンには様々な数値が表示されていますが、一番大事なのが「着色直径」。
この長さが、黒日の部分の長さになります。

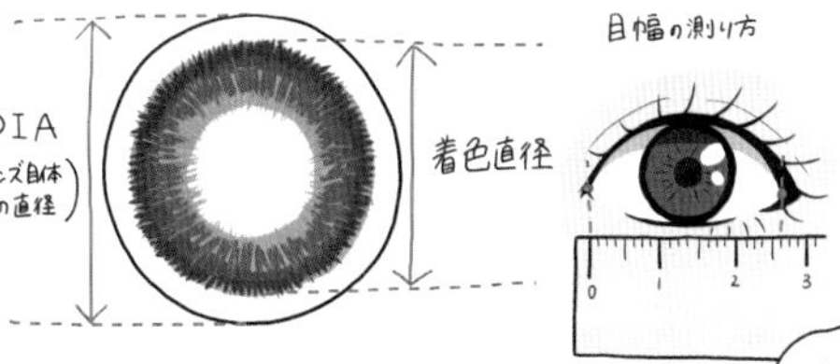
DIA
（レンズ自体の直径）
着色直径
目幅の測り方
0
1
2
3

着色直径＝レンズの色がついた部分の直径
DIA＝レンズ全体の直径

●着色直径の計算方法

白目と黒目を1：2：1にするには、
着色直径が、自分の目幅の半分の
長さを選べばOK

目幅（目頭から目尻まで）÷2
＝自分に合う着色直径！

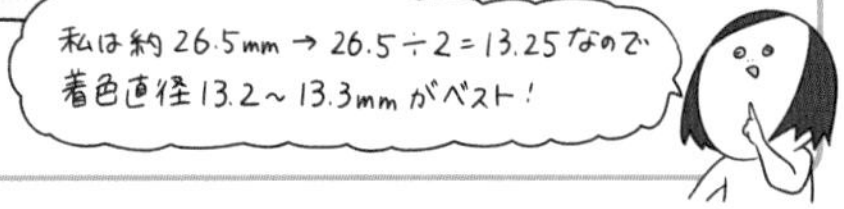
私は約26.5mm → 26.5÷2＝13.25なので
着色直径13.2～13.3mmがベスト！

色とフチの選び方

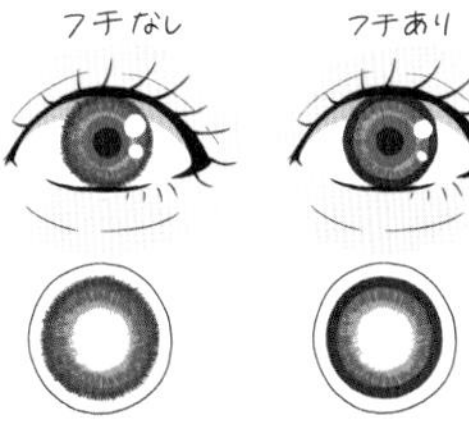
フチなし
フチあり

ナチュラルに見えるブラウン系で
フチなしがおすすめ。

大事な目を守るために

間違ったカラコン選びは、目のトラブルの原因に。まずは必ず眼科を受診して、医師指導のもと正しく使用しよう。
また通販などで購入の際は、
日本の安全基準をクリアした商品かチェック。
厚生労働省承認済みの目印である「高度管理医療機器承認番号」の記載があればOK。

顔のバランス
7

眉尻の長さで さりげなく小顔効果をねらう

Before なんか残念なアンバランス眉毛ブス

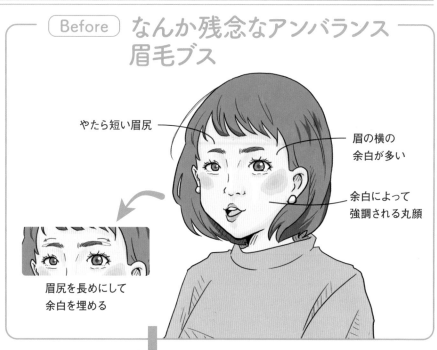

やたら短い眉尻
眉の横の
余白が多い
余白によって
強調される丸顔

眉尻を長めにして
余白を埋める

After

長めの眉尻で
小顔に！

ここがブスメイク

・丸顔さん
・求心顔さん

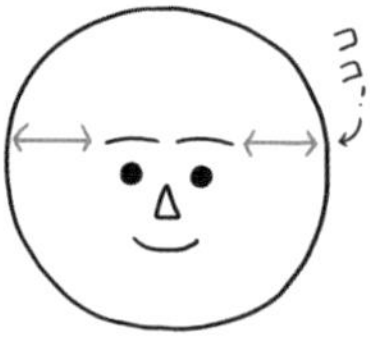
ココ

など、目の横の余白が多い場合、眉毛が短いとその余白が強調されて顔が大きく見えてしまいます。

顔タイプ別・眉毛のポイント

ポイント

眉尻の長さでも、顔の余白はコントロールできる！
顔タイプによって、「長め」か「短め」の2パターン

① 丸顔さん or 求心顔さんの場合

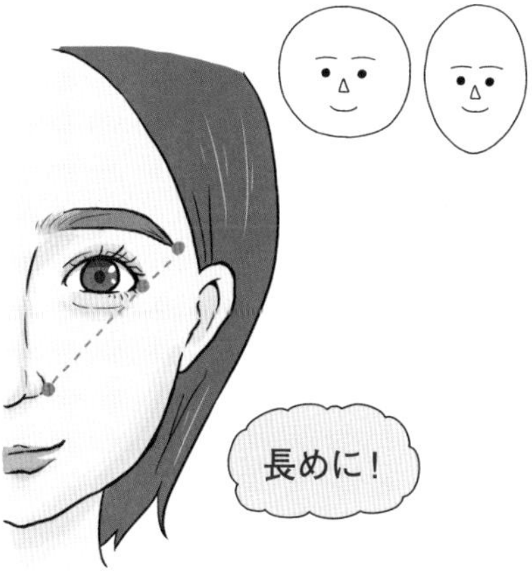

・眉尻は、**小鼻と目尻の延長**

長めの眉尻で、
横の余白が埋まり
小顔に見える！

面長さんで求心顔の場合も
こっち！

② 面長さん or 遠心顔の場合

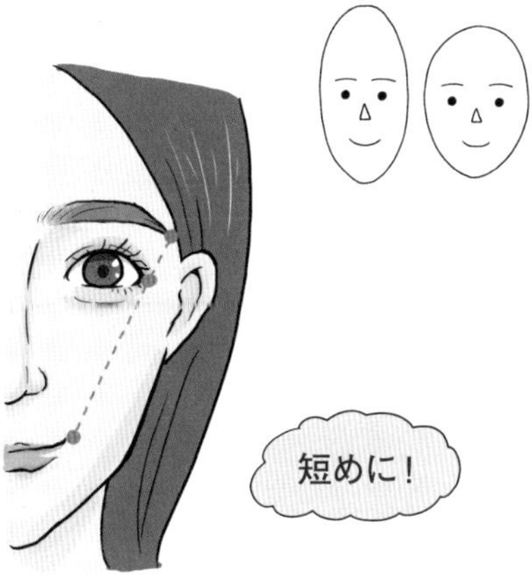

・眉尻は、**口角と目尻の延長**

短めの眉尻で、
パーツが中心に寄って
バランスよく見える！

丸顔さんで遠心顔の場合も
こっち！

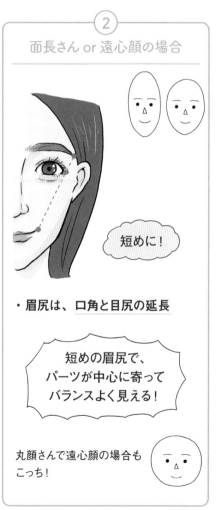

顔のバランス 8

チークの入れる向きで顔の印象をがらりと変える

Before 逆効果な顔のびチークブス

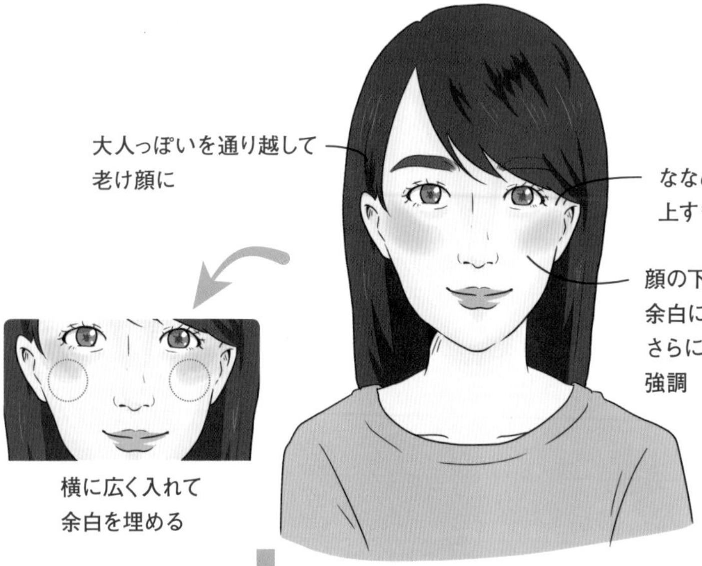
大人っぽいを通り越して老け顔に
ななめ＆上すぎるチーク
顔の下半分の余白によってさらに顔の長さを強調
横に広く入れて余白を埋める

After

顔の長さが目立たない！

ここがブスメイク

・面長さん

ココ！

は、目の下の余白が縦に長いので上に偏ったチークを入れるとさらに顔の長さが強調されてしまいます。

顔タイプ別・チークのポイント

ポイント

チークは入れる向きによって、
やわらかさやシャープさなど印象を変える効果あり。
悩みをカバーしてくれる向きを知ろう！

① 丸顔さんの場合

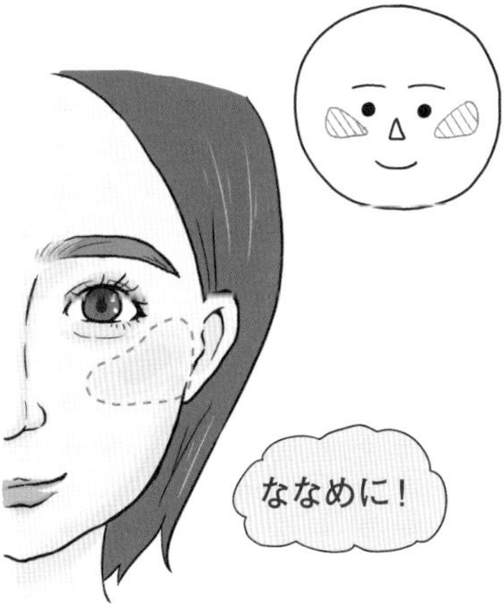

・頬骨からこめかみに向かって
ななめに入れる

ななめのラインが
丸みを押さえ
シャープな印象に！

丸く入れると頬が膨張し
さらに丸みが強調されるので NG！

② 面長さんの場合

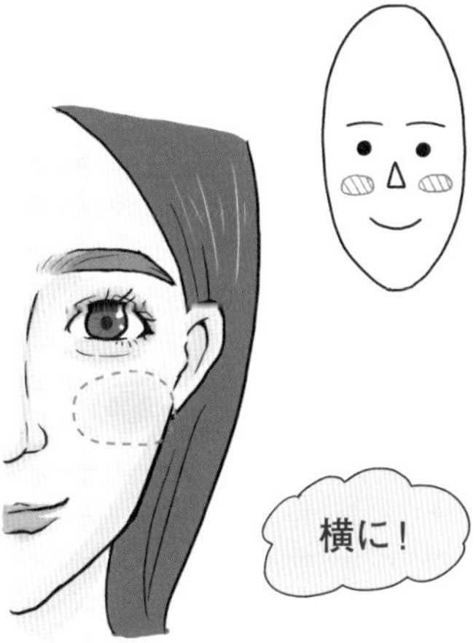

・横に広めに入れる

目の下の余白が埋まり
若々しい印象に！

ななめに入れると
さらに顔の長さが強調されるので NG！

③ ベース型さんの場合

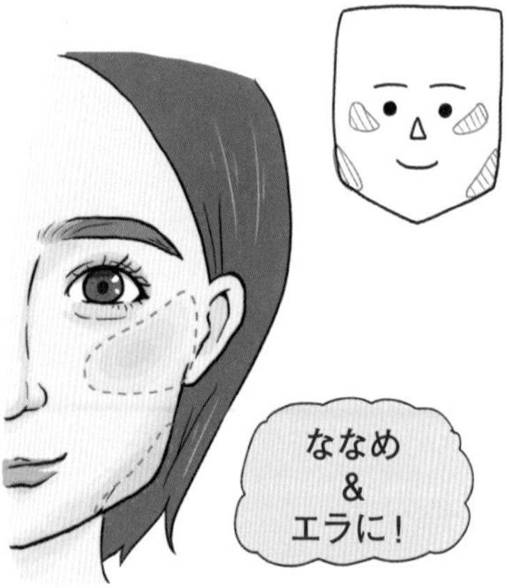

- 頬骨からこめかみに向かってななめに入れる
- エラに薄くのせる(やらなくてもOK)

ななめのラインが
エラを押さえて
スッキリした印象に!

エラのシェーディングにチークを重ねると、
なじんで影がより自然に見える!

④ 逆三角形さんの場合

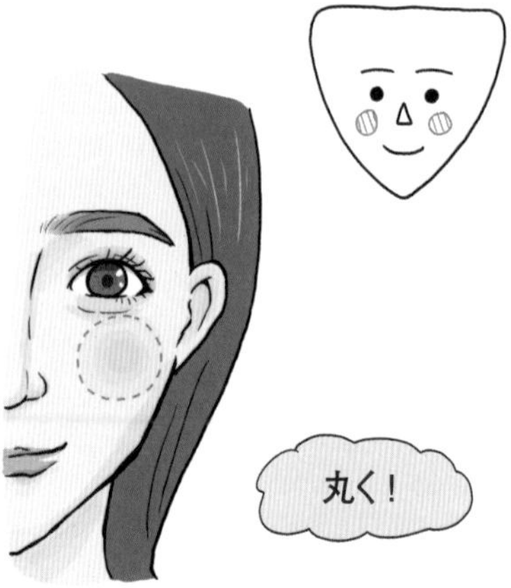

- 頬骨の高い位置に丸く入れる

丸みを出して
やわらかい印象に!

そのほかの顔タイプでも
かわいい印象にしたい場合は
この入れ方でもOK

興味ないとは思うんですけど
すれみのメイク所要時間は40分です

口元のバランスだけで美人顔はつくれる

顔のバランス
9

Before　セクシー失敗リップブス

濃い色が下にくると
顔の重心も下がって
見える
鼻の下（人中）が
さらに長く見えて
老け顔に
下唇の
オーバーリップ
上唇にボリュームを出して
余白を埋める

After

鼻の下が短く見えて、
美人度アップ！

ここがブスメイク

・面長さん
・鼻の下（人中）が
長い人

ココが人中

は、下唇のオーバーリップはNG。
顔の下半分が長く見えると老け顔に見えてしまいます。

顔タイプ別・リップのポイント

ポイント

厚みや長さがない部分は、描き足せばOK！
パーツが中心に集まって見えると、美人バランスに！

口元の黄金バランス

①唇の厚さ

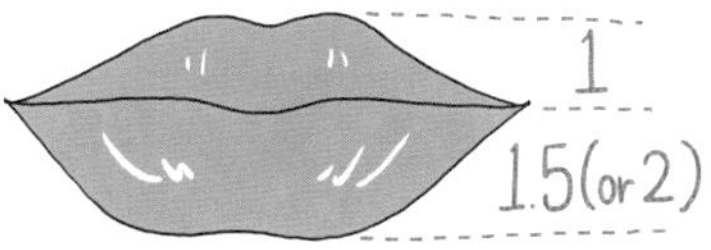
1
1.5(or 2)

上唇：下唇＝1：1.5
(唇を強調したい場合は、1：2でもOK)

②唇の横幅

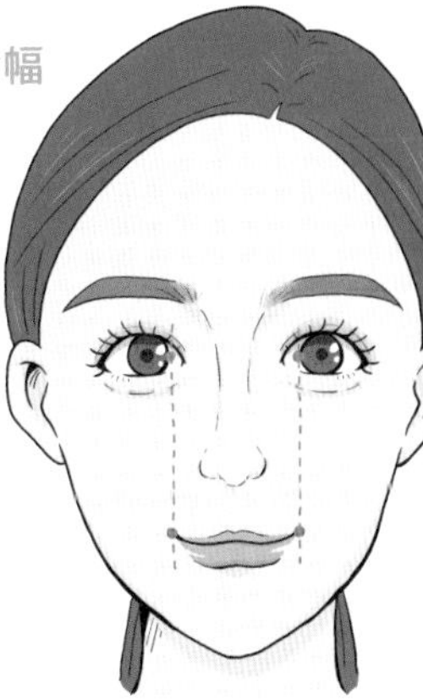

黒目の内側を、
真下に下ろしたライン

③人中（鼻の下）

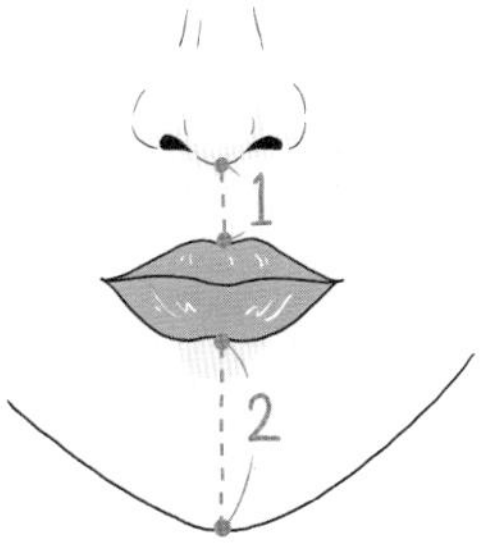
1
2

人中：下唇からあご先＝1：2

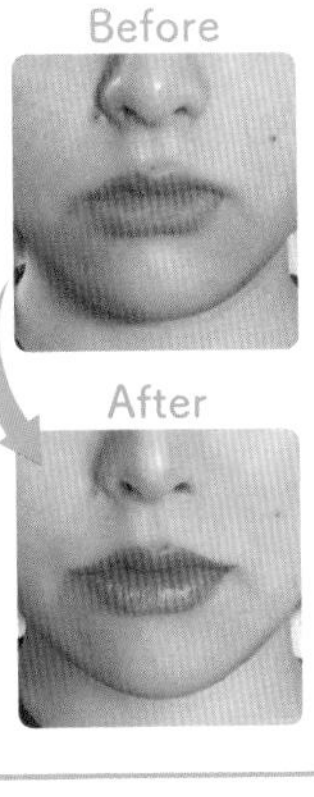
Before
After

私は下唇がかなり分厚くて
おちょぼ口&口角が下がっているので
上を厚くして、口角も描いてます

+αアイテム

リップライナー　唇の輪郭を整える。
なじみやすいピンクベージュがおすすめ。

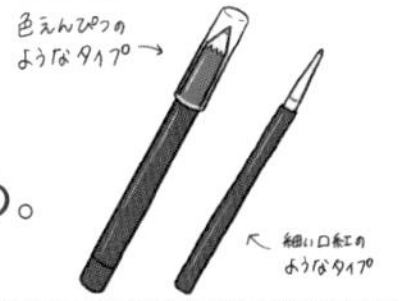
色えんぴつのようなタイプ
細い口紅のようなタイプ

悩み別・リップのテクニック

唇が全体的に薄い

厚さが足りない部分は、
この比率になるように描き足す！

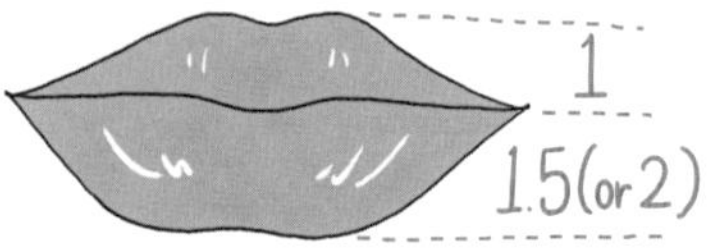
1
1.5(or 2)

① リップライナーで理想の唇のフチを描く

上唇と下唇が1：1.5 になるように
もとのフチよりも
ライナーの線1本分くらい太く塗る。

下唇を厚くしたい場合もやり方は同じ
ライナーは口紅より細くハッキリ塗れるし落ちにくい〜〜!!

② リップライナーでフチをぼかす

リップとの色の差が出ないように
フチに縦に色をのせて①の線をぼかす。

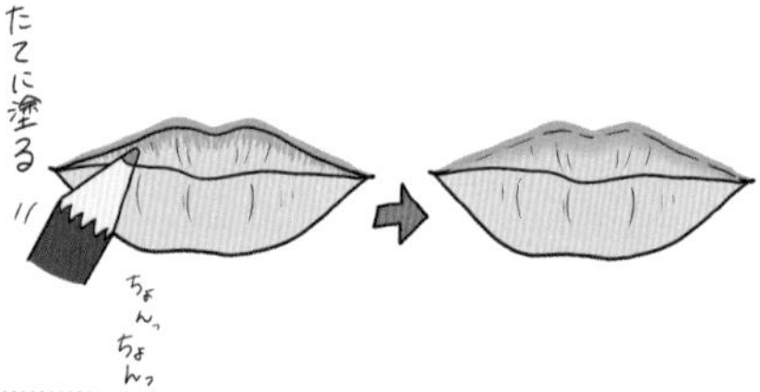
たてに塗る
ちょんっちょんっ

③ リップを塗る

新しいフチにそって
リップで中を埋めたら完成！

筆でなく直塗りでもOK

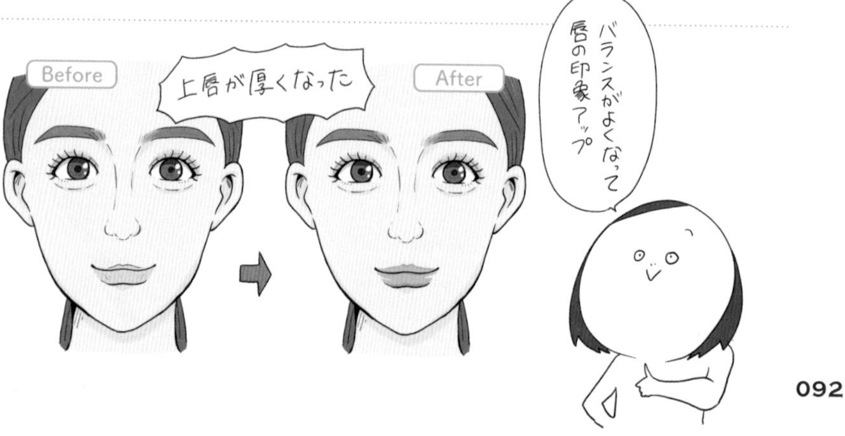
Before
上唇が厚くなった
After
バランスがよくなって唇の印象アップ

口角が下がっている

「口角が下がっている」or
「唇の横幅が短い」ときは
このラインまで口角を描き足す！

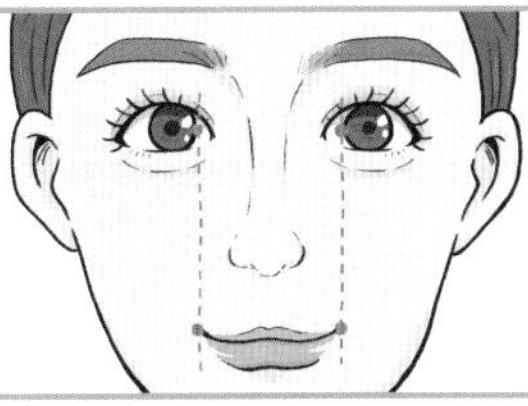

① コンシーラーでくすみを消す

口角にコンシーラーかファンデを
ポンポンとのせてくすみを消す。
（▶コンシーラーの詳しい使い方は 116p へ）
横幅を広げたい場合はフチも消す。

ぬりぬり

② 口を閉じた状態で、線を書き足す

口を閉じた状態で、
筆タイプのリキッドアイブロウ or
茶色のアイライナーで線を描き足す。

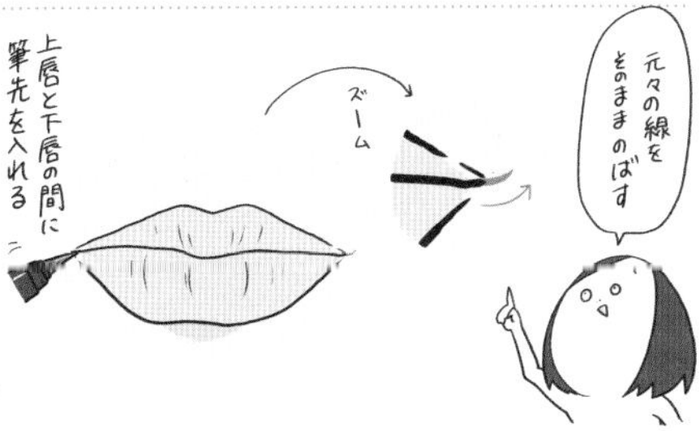
上唇と下唇の間に筆先を入れる
ズーム
元々の線をそのままのばす

③ 口を開けた状態で、線をぼかす

口を開けた状態で、
リップライナーで
もとの唇のラインに
つなげるように塗ったら完成！

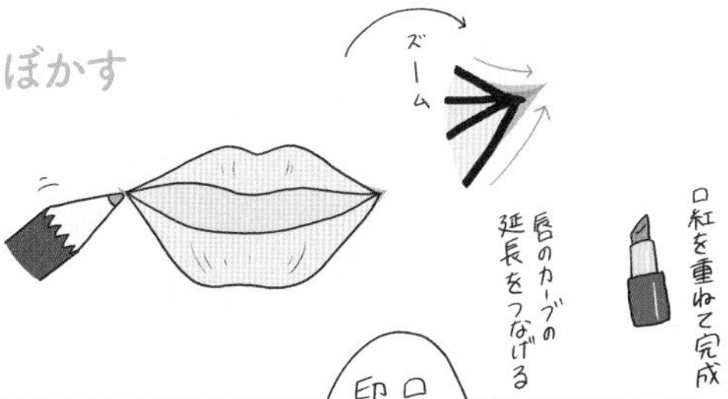
ズーム
唇のカーブの延長をつなげる
口紅を重ねて完成

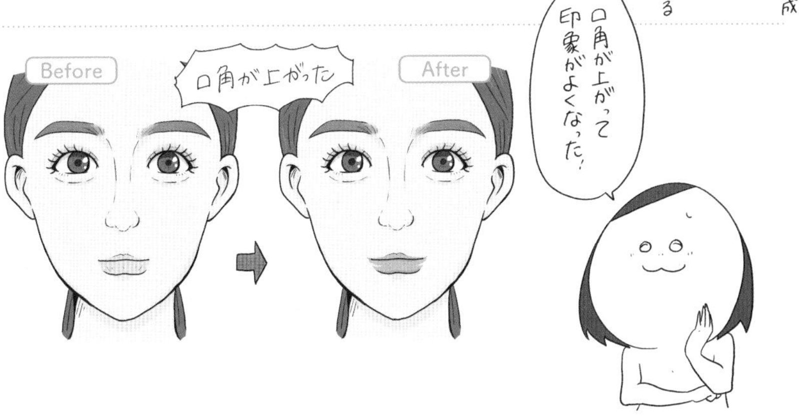
Before
口角が上がった
After
口角が上がって印象がよくなった！

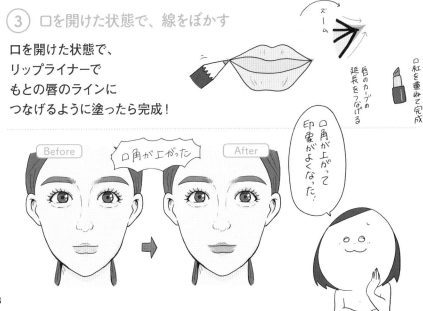

鼻の下が長い

人中が長い場合は、この比率になるように唇の厚さを変える＆光と影を入れて距離を短く見せる！

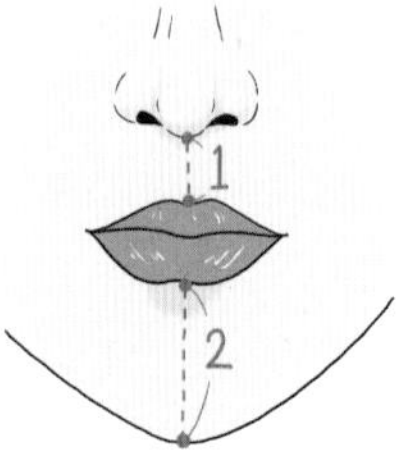
1
2

① リップライナーで上唇を厚くする

92p の手順で、上唇に厚みを出す。

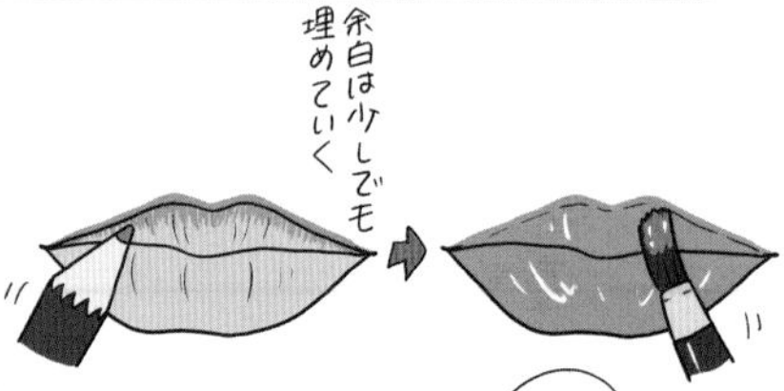
余白は少しでも
埋めていく

② ハイライトで上唇に立体感を出す

さらに立体感を出すために
上唇の山にハイライトを指で
ぽんぽんとのせる。

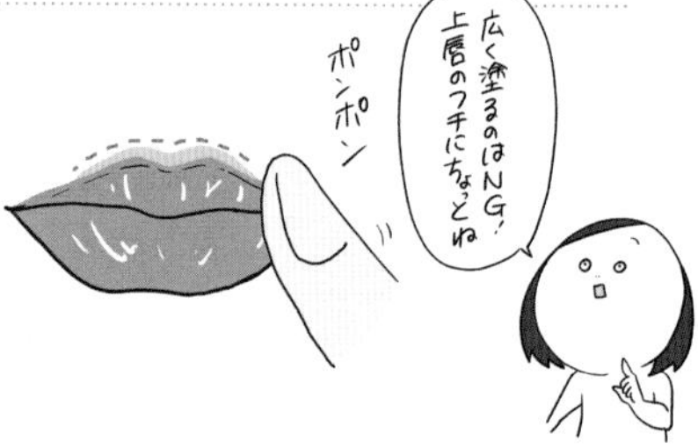
ポンポン
広く塗るのはNG!
上唇のフチにちょっとね

③ 鼻の下に影を入れて、鼻と上唇を近づける

シェーディングパウダーをブラシに軽くとり、
鼻の下に逆三角形を意識して入れたら完成！

シュッ
シュッ

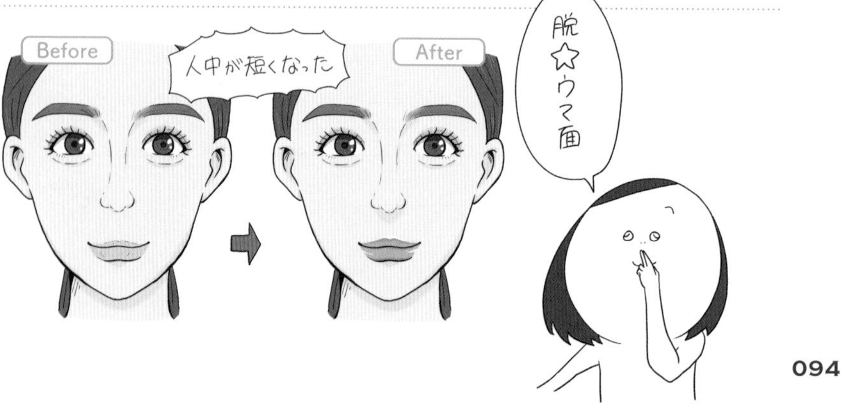
Before
人中が短くなった
After
脱☆ウマ面

GOOD BYE!
BUSU MAKEUP!!

CHAPTER 3

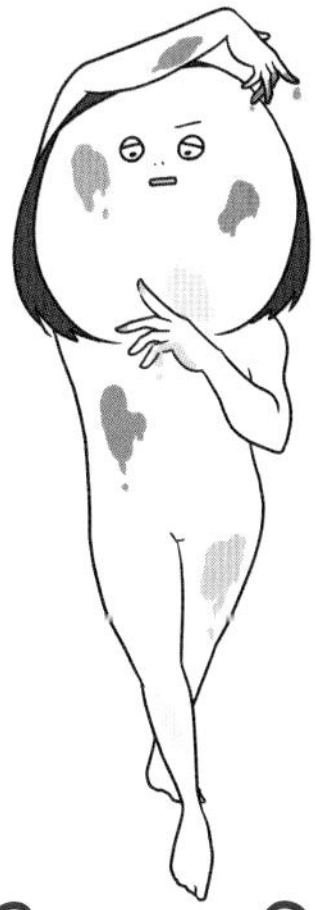

自分の色味を知って、ブスメイクをやめる！

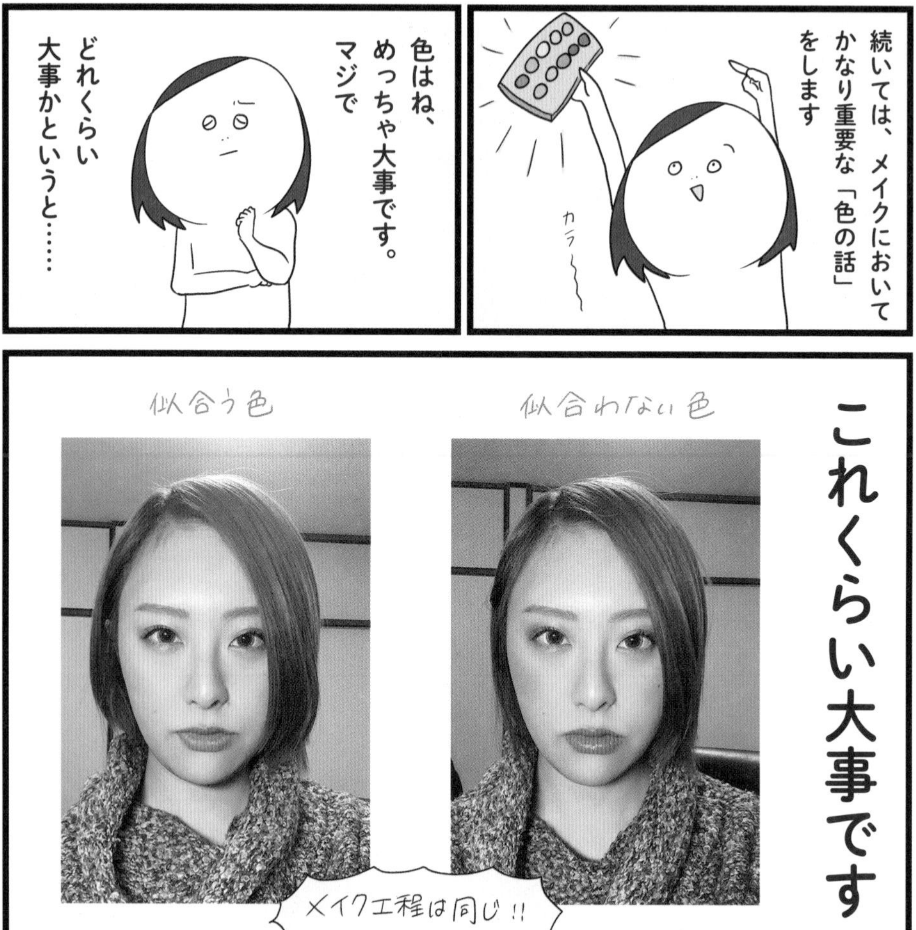
続いては、メイクにおいてかなり重要な「色の話」をします
カラ〜
色はね、めっちゃ大事です。マジで
どれくらい大事かというと……
これくらい大事です
似合う色
似合わない色
メイク工程は同じ!!
自分に似合う色がわかるとさらにメイクが映えるし、
なにより、ムダなものを買わなくてすむのでお財布にもやさしいです!
買ってみたけど似合わなかった…
↑が、なくなる!

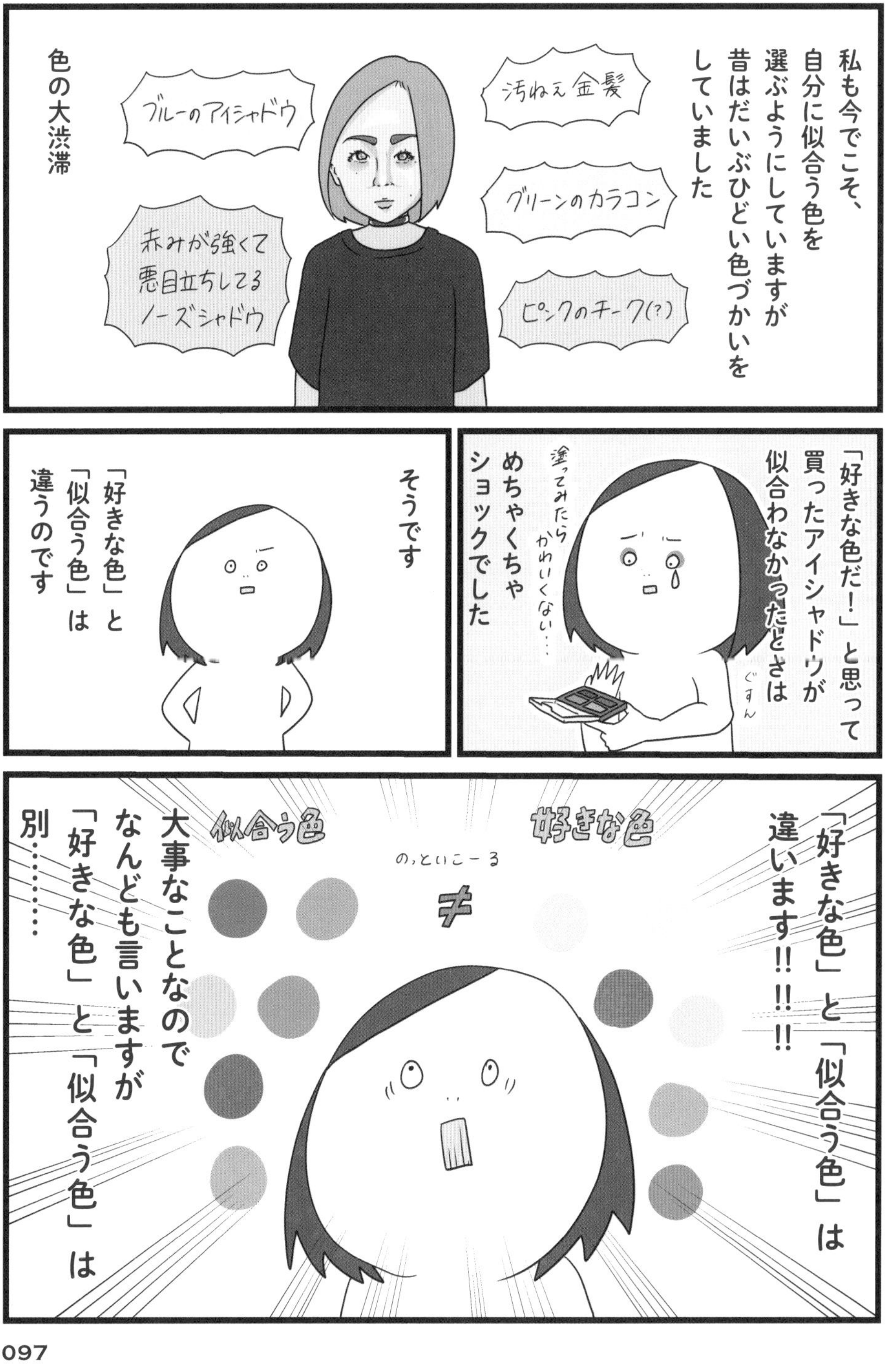
私も今でこそ、
自分に似合う色を
選ぶようにしていますが
昔はだいぶひどい色づかいを
していました
汚ねぇ金髪
ブルーのアイシャドウ
グリーンのカラコン
赤みが強くて悪目立ちしてるノーズシャドウ
ピンクのチーク(?)
色の大渋滞
「好きな色だ!」と思って
買ったアイシャドウが
似合わなかったときは
めちゃくちゃ
ショックでした
塗ってみたら かわいくない…
ぐすん
そうです
「好きな色」と
「似合う色」は
違うのです
「好きな色」と「似合う色」は
違います‼‼‼
好きな色
似合う色
のっといこーる
≠
大事なことなので
なんども言いますが
「好きな色」と「似合う色」は
別……

もちろん、好きな色を買って、
気分が上がるなら、
それはそれでOK！
ある程度メイクに慣れてきたら、
流行の色に挑戦するのもありです
持ってるだけでハッピー♡
この色使ってみようかな

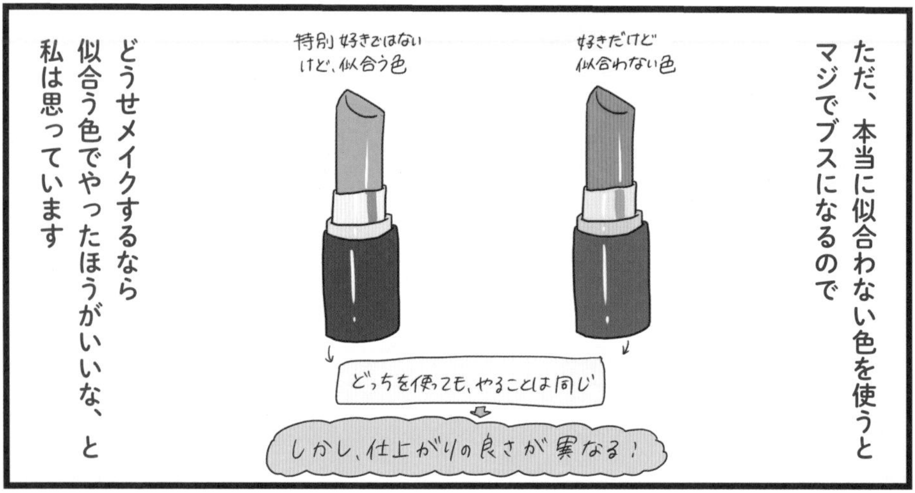
ただ、本当に似合わない色を使うと
マジでブスになるので
好きだけど似合わない色
特別好きではないけど、似合う色
どっちを使っても、やることは同じ
しかし、仕上がりの良さが異なる！
どうせメイクするなら
似合う色でやったほうがいいな、と
私は思っています

「流行の色だから」や
「好きな色だから」で選ぶ前に
この前〇〇ちゃんが動画で紹介した色だ！
この色かわいー♡
初心者さんはまずは
自分に合う色から取り入れたほうが
失敗の確率は下げられます

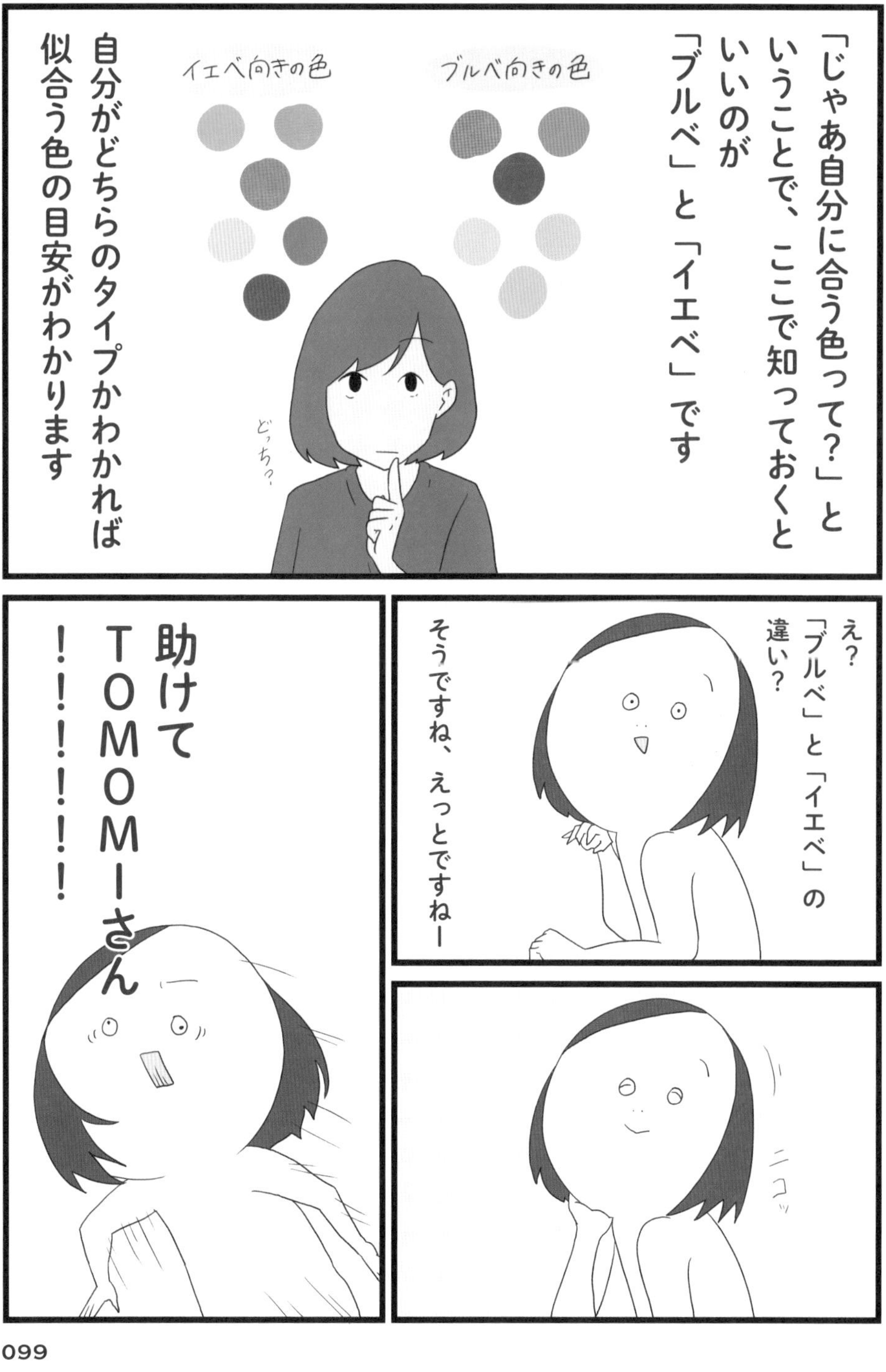
「じゃあ自分に合う色って?」と
いうことで、ここで知っておくと
いいのが
「ブルベ」と「イエベ」です
ブルベ向きの色
イエベ向きの色
どっち?
自分がどちらのタイプかわかれば
似合う色の目安がわかります
え?
「ブルベ」と「イエベ」の
違い?
そうですね、えっとですねー
ニコッ
助けて
TOMOMIさん
!!!!!!

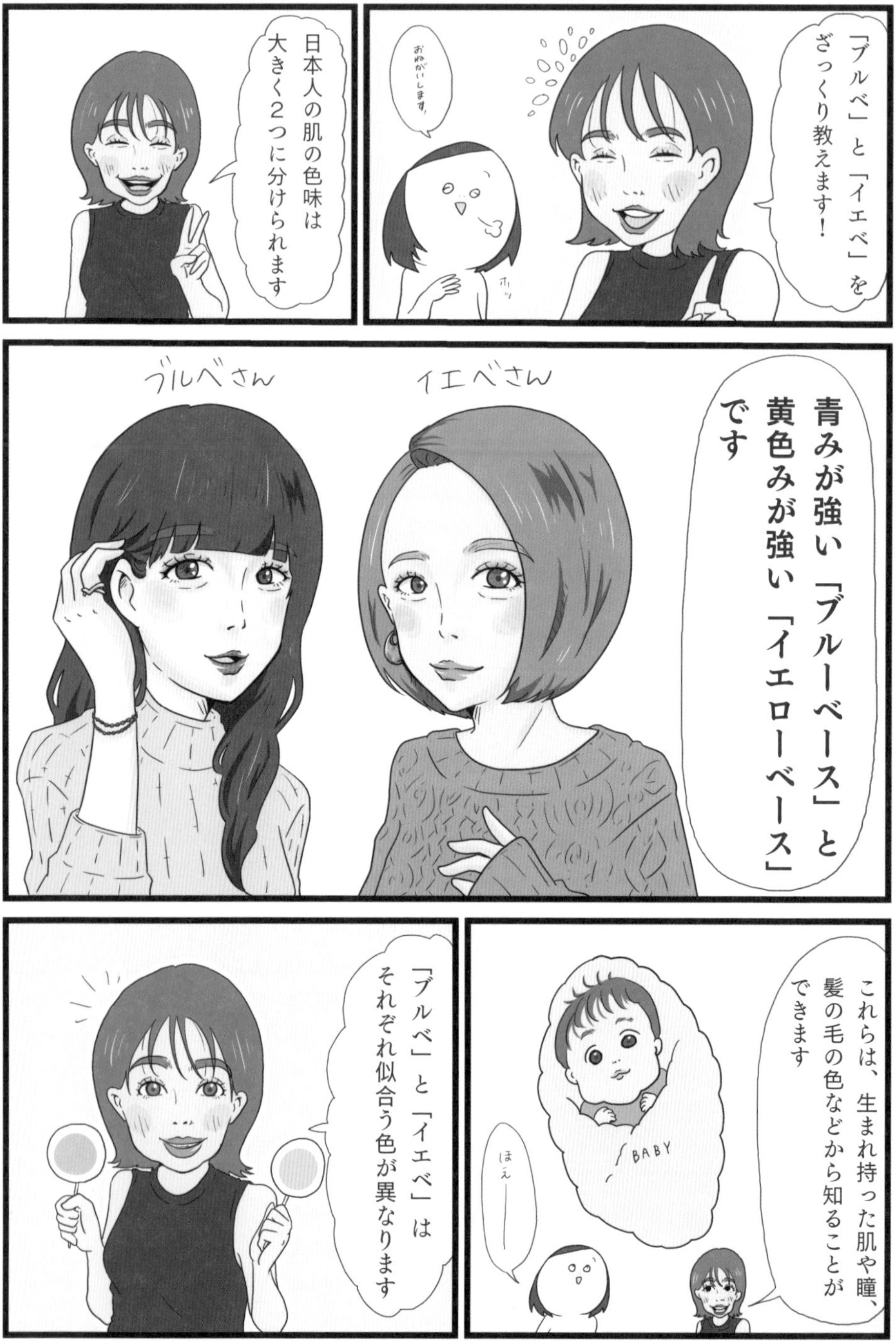
「ブルベ」と「イエベ」を ざっくり教えます！
おねがいします！
ホッ
日本人の肌の色味は 大きく２つに分けられます
青みが強い「ブルーベース」と 黄色みが強い「イエローベース」です
イエベさん
ブルベさん
これらは、生まれ持った肌や瞳、髪の毛の色などから知ることができます
BABY
ほえ――
「ブルベ」と「イエベ」は それぞれ似合う色が異なります

たとえば、同じ「ピンク」でも「青みピンク」と「黄色みピンク」ではこんなに色が違います！
青み
黄色み
全部ピンク！
全然違う〜〜〜！！

自分に合う色を使うとパッと印象がよく見えますし
逆に合わない色を使うと肌がくすんで見えたり不健康そうに見えてしまいます
逆効果！

では、それぞれの見分け方と特徴を説明していきます！

ブルベとイエベをざっくり診断

まずはセルフチェックで、自分がどちらのタイプかざっくり診断してみましょう！

① 手のひら

A 黄色～オレンジ　B ピンク～赤紫

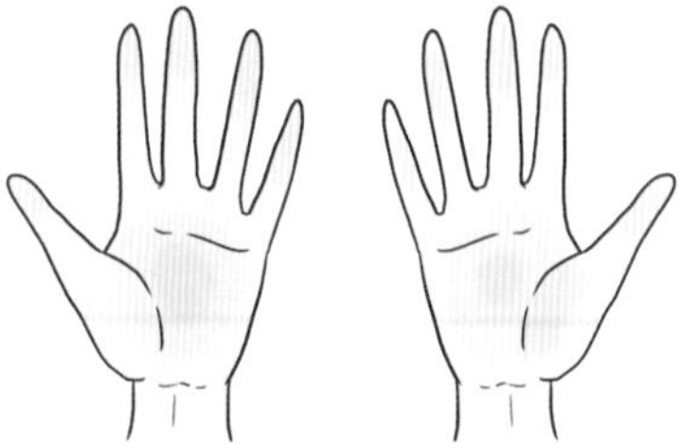

② 腕の血管

A 緑色っぽい　B 青～青紫色っぽい

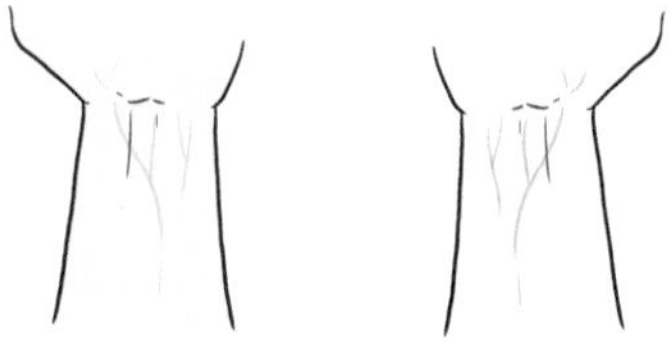

③ 肌の色み

A 黄色み　B 赤み～ピンク or 青白い

④ 日焼けすると

A 黒くなる　B 赤くなる

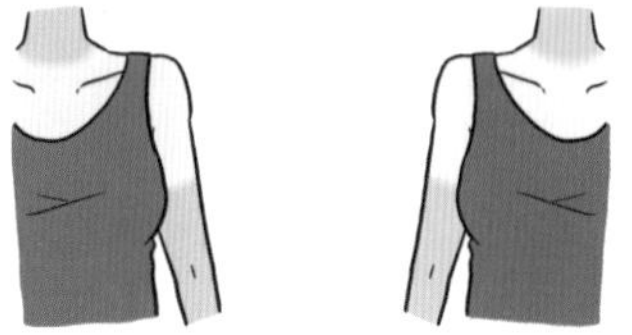

⑤ 髪や瞳

A 茶色っぽい　B 黒色っぽい

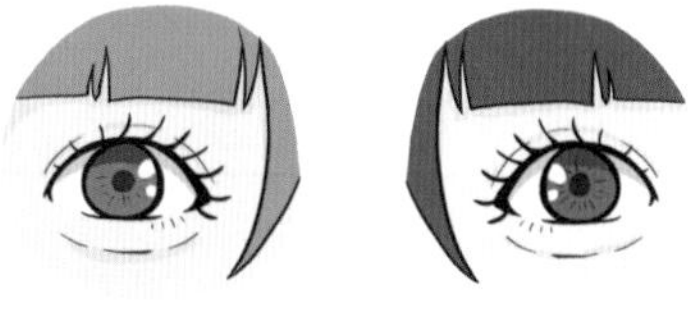

⑥ クマができたら

A 茶色　B 青色

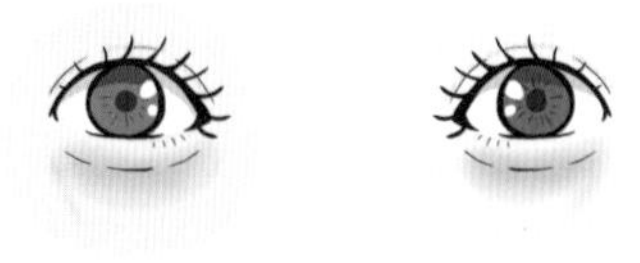

⑦ 唇

A オレンジっぽいピンク　B 赤か赤紫っぽいピンク

A が多い人 ▶イエローベースさん　**B が多い人** ▶ブルーベースさん

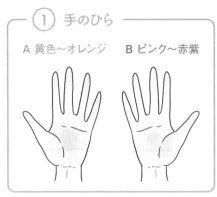

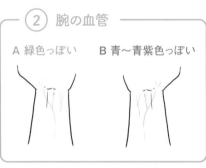

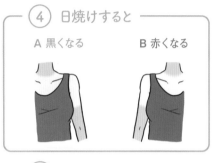

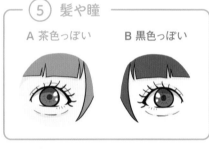

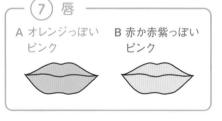

ブルベとイエベの特徴

ブルーベース

- 肌の色が青み寄り
- さわやか、クールな印象
- 寒色系や、グレー・モノトーンなどの無彩色、パステルカラーが似合う
- アクセサリーはシルバーが似合う

イエローベース

- 肌の色が黄色み寄り
- 親しみやすい印象
- 暖色系や、ベージュ・グリーンなどの自然を連想させるアースカラーが似合う
- アクセサリーはゴールドが似合う

専門家に診てもらうと、パーソナルカラーといってさらに春夏秋冬の4つのタイプに分かれるよ！

春	夏	秋	冬
イエベカラー	ブルベカラー	イエベカラー	ブルベカラー

「華やかな顔になる色」と「残念顔になる色」は紙一重

色 1

Before ごちゃごちゃ色の大渋滞ブス

とにかく肌の色と
合っていない
色の統一感ゼロ
「ブルベ＝かわいい」
のイメージをもち
自分はブルベだと
思い込んでいる
コスメは基本パケ買い

After

顔がパッと明るく
見える！

ここがブスメイク

自分が好きな色が、必ずしも似合う色ではないので注意。
色の選び方ひとつで美人にもブスにもなるのです。

アイシャドウやリップは別々に色を選ぶのではなく、顔全体で色味を統一するのがコツ！

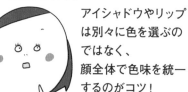

ブルベ＆イエベ・色選びのポイント

ポイント

ブルベさんは青み（茶色系を選ぶときは赤み）、
イエベさんは黄色みを選ぶと
より肌になじんで印象アップ！

色の選び方で、こんなに変わる！

ブルベさん

黄色みが苦手。
色がうまくのらず、くすんで見える。

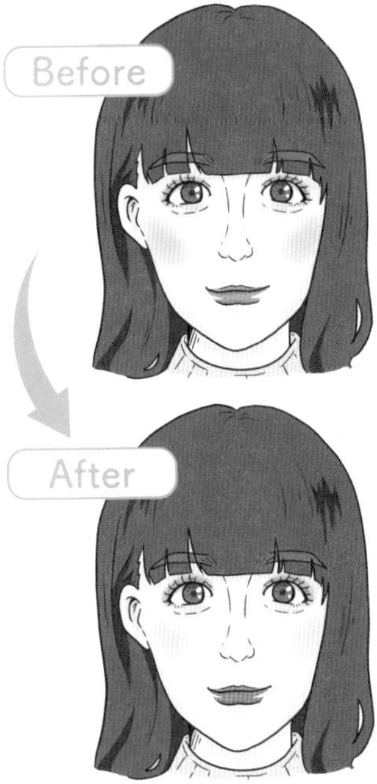

青みを使うと、
顔色がよく見える！

イエベさん

青みが苦手。
色が浮いて、濃く見える。

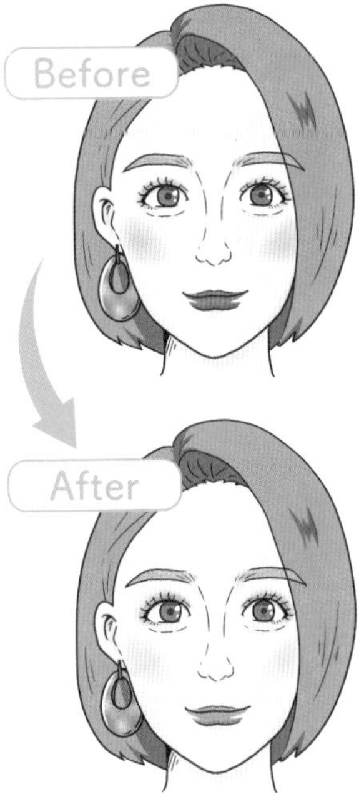

黄色みを使うと、
顔色がよく見える！

チーク

基本はコーラルピンクで OK ですが、肌の色味に合ったものを選ぶと、より自然な血色に仕上がります。

ブルベ
青みよりのピンク
（ローズ系）

悩んだら
コーラルピンク

イエベ
黄色みよりのピンク
（サーモンピンクやオレンジ系）

青み ← 中間 → 黄色み

ブルベさんが
名前で選ぶなら
・ベリー
・ローズ
・ラベンダー
・カシス
・チェリー
・パステル
など

イエベさんが
名前で選ぶなら
・サーモン
・コーラル
・オレンジ
・ゴールド
・ピーチ
・アプリコット
など

ファンデーション

基本は首の色に合わせて OK ですが、
カラー名も目安になるので覚えておくと便利です。

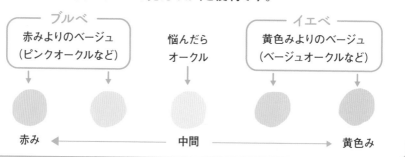

ブルベ
赤みよりのベージュ
（ピンクオークルなど）

悩んだら
オークル

イエベ
黄色みよりのベージュ
（ベージュオークルなど）

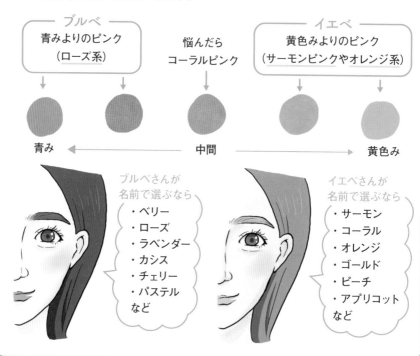

赤み ← 中間 → 黄色み

リップ

気分に合わせて使い分けたいリップ。
色味さえ間違えなければ、いろんな顔にチャレンジできます。

ブルベ
青みよりのピンク
（ローズ系や
パステルピンク）

悩んだら
コーラルピンク
ピンクベージュ

イエベ
黄色みよりのピンク
（サーモンピンクや
オレンジ・ベージュ系）

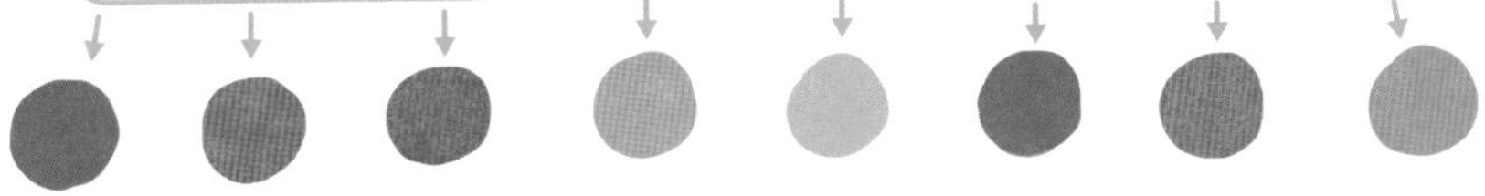

青み ← 中間 → 黄色み

それぞれのおすすめリップカラー

ローズピンク　チェリーピンク
プラムピンク　など

＝ **ピンク** ＝

ピーチピンク　サーモンピンク
コーラルピンク　など

ローズレッド　ワインレッド
ボルドー　など

＝ **赤** ＝

朱色　など

ただし、イエベで
赤リップは少しムズめ…

ローズブラウン　など

＝ **茶色** ＝

ベージュブラウン
オレンジブラウン　など

ただし、ブルベで
ブラウンリップは少しムズめ…

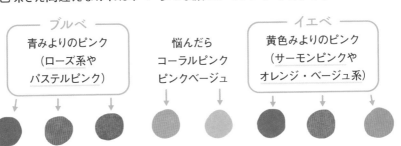

アイシャドウ

基本は茶色系の４色アイシャドウがあれば OK ですが、
肌の色味に合わせて選ぶときは「赤み」か「黄色み」かをチェック。
さらに、茶色以外にもうひとつ冒険色のパレットがあると
メイクのマンネリ化を防ぎます。

ブルベ
赤みのある茶色
（ココア色、ピンクブラウンなど）

イエベ
黄色みのある茶色
（ミルクティー色、オレンジブラウンなど）

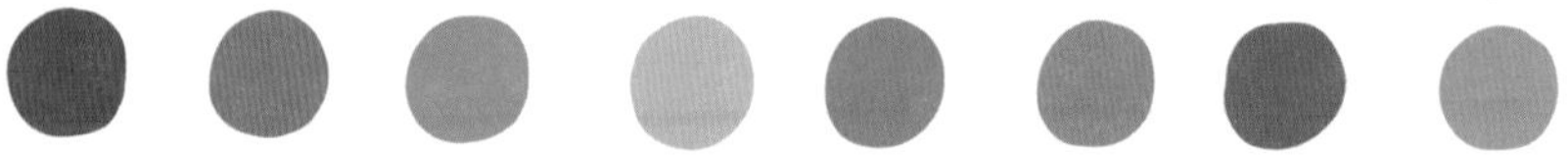

赤み ← 中間 → 黄色み

それぞれのおすすめパレットカラー

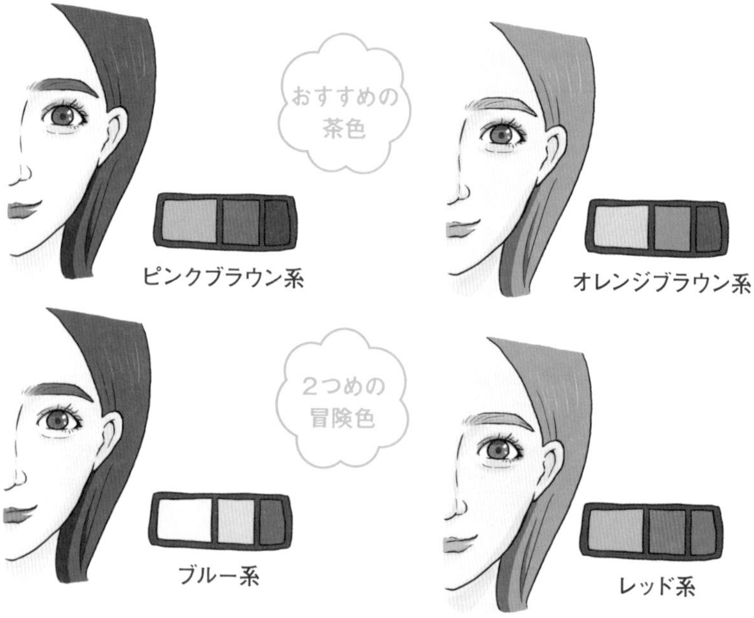
おすすめの
茶色
ピンクブラウン系
オレンジブラウン系
２つめの
冒険色
ブルー系
レッド系

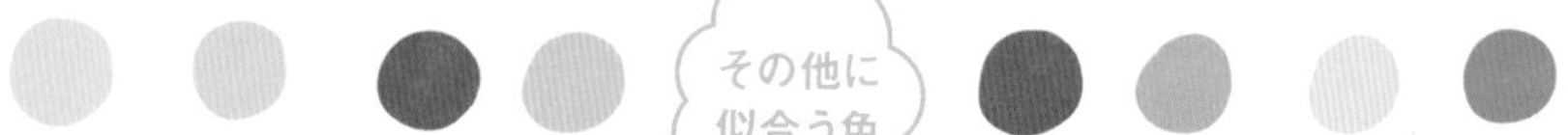

その他に
似合う色

シルバーグレー　ブルーネイビー　パープル　ピンク

レッド　オレンジ　シャンパンゴールド　カーキ

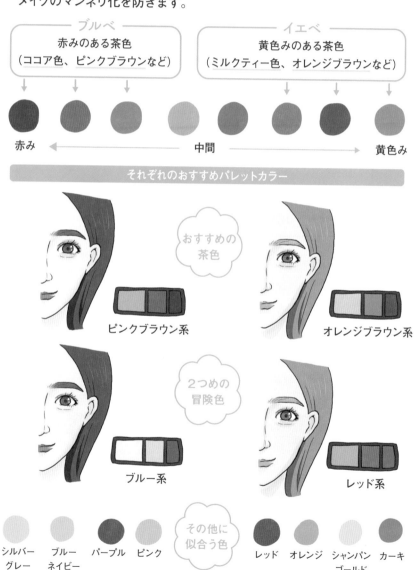

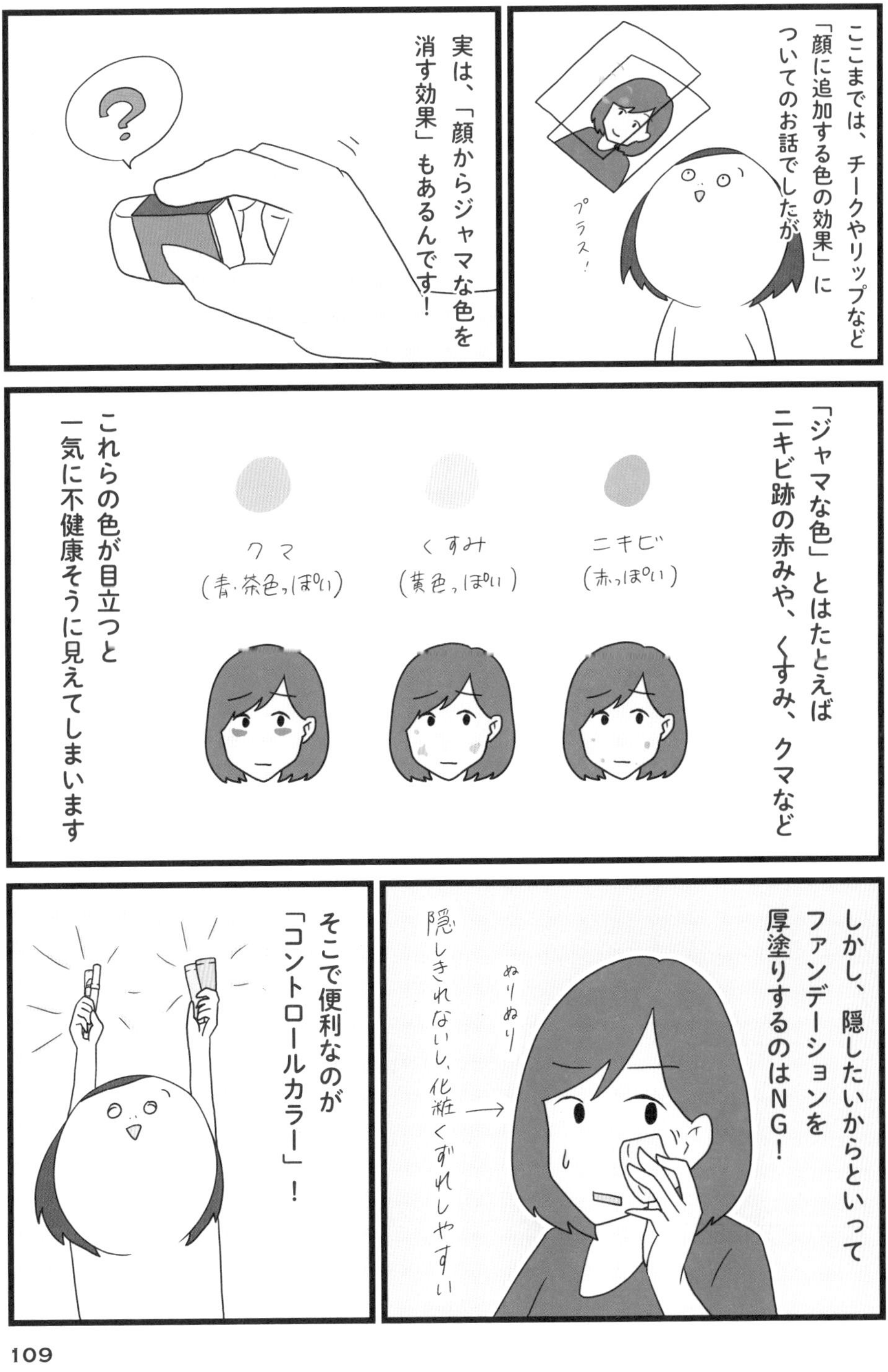
ここまでは、チークやリップなど「顔に追加する色の効果」についてのお話でしたが
プラス！
実は、「顔からジャマな色を消す効果」もあるんです！
？
「ジャマな色」とはたとえばニキビ跡の赤みや、くすみ、クマなど
ニキビ（赤っぽい）
くすみ（黄色っぽい）
クマ（青・茶色っぽい）
これらの色が目立つと一気に不健康そうに見えてしまいます
しかし、隠したいからといってファンデーションを厚塗りするのはNG！
ぬりぬり
隠しきれないし、化粧くずれしやすい
そこで便利なのが「コントロールカラー」！

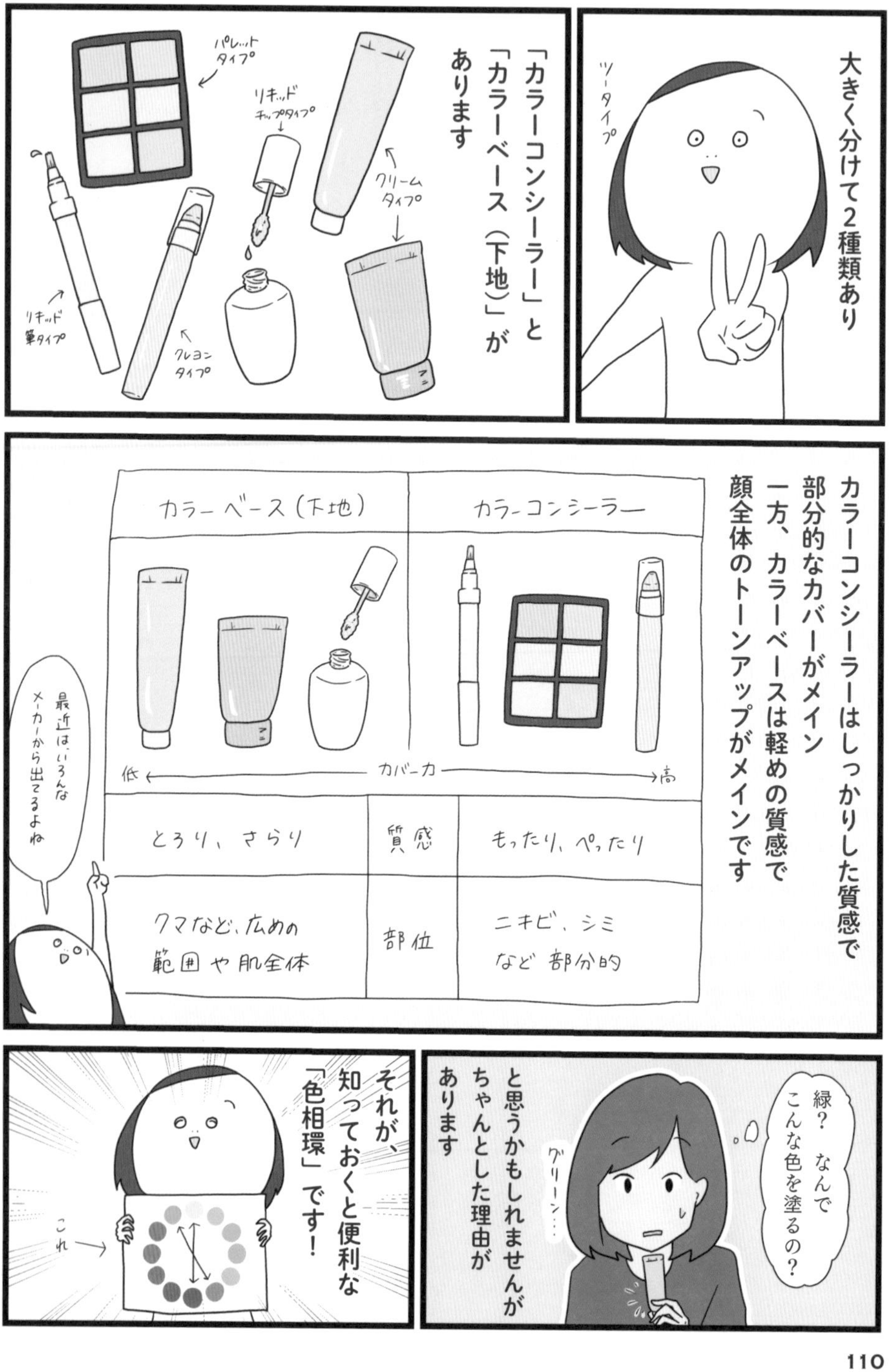
大きく分けて2種類あり
ツータイプ
「カラーコンシーラー」と「カラーベース（下地）」があります
パレットタイプ
リキッドチップタイプ
クリームタイプ
リキッド筆タイプ
クレヨンタイプ
カラーコンシーラーはしっかりした質感で部分的なカバーがメイン
一方、カラーベースは軽めの質感で顔全体のトーンアップがメインです
カラーベース（下地）
カラーコンシーラー
低
カバー力
高
とろり、さらり
質感
もったり、ぺったり
クマなど、広めの範囲や肌全体
部位
ニキビ、シミなど部分的
最近はいろんなメーカーから出てるよね
緑？ なんでこんな色を塗るの？
グリーン…
と思うかもしれませんがちゃんとした理由があります
それが、知っておくと便利な「色相環」です！
これ

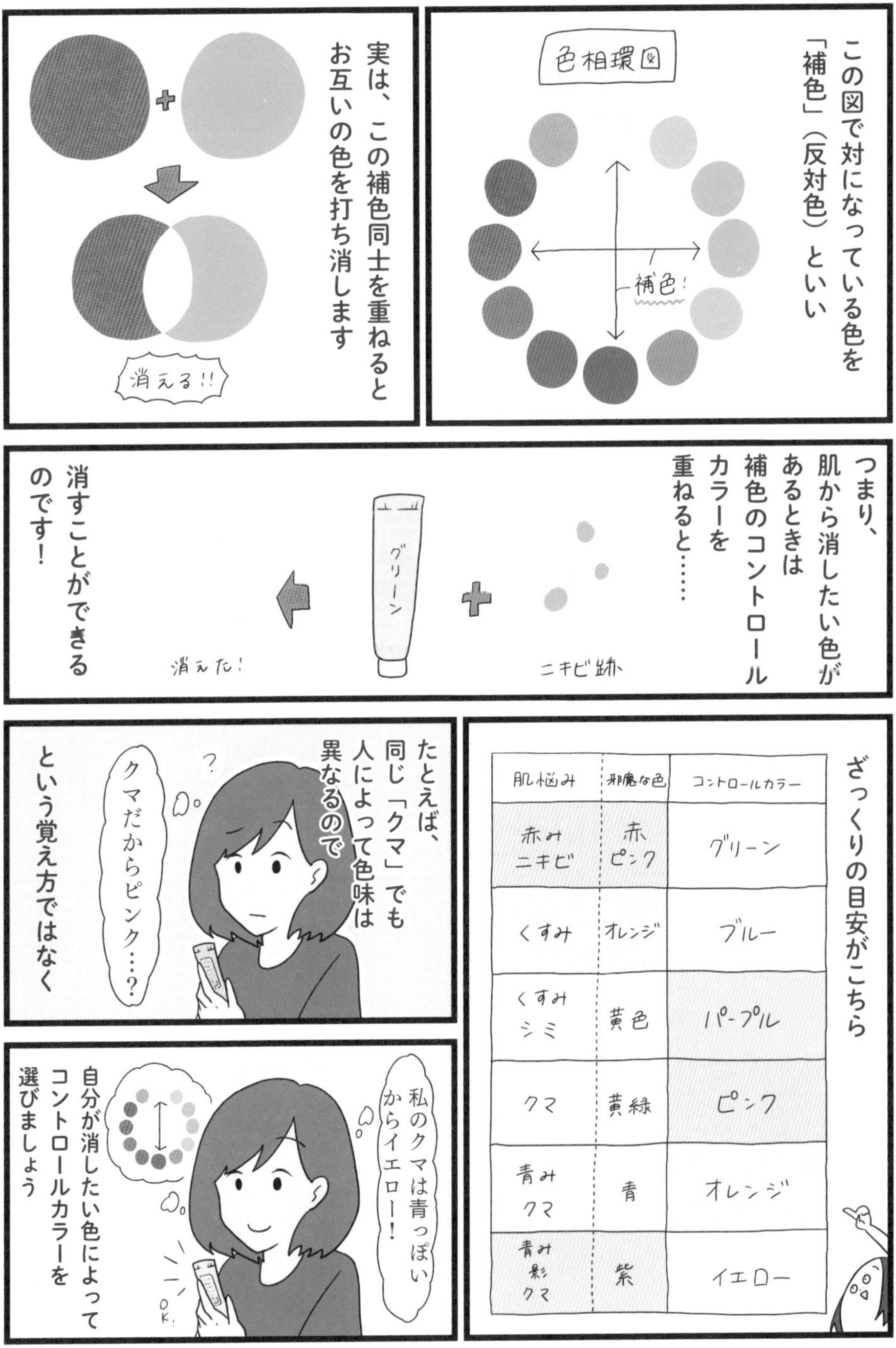
この図で対になっている色を「補色」（反対色）といい
色相環図
補色！
実は、この補色同士を重ねるとお互いの色を打ち消します
消える!!
つまり、肌から消したい色があるときは補色のコントロールカラーを重ねると……
ニキビ跡
グリーン
消えた！
消すことができるのです！
ざっくりの目安がこちら
たとえば、同じ「クマ」でも人によって色味は異なるので
?
クマだからピンク…?
という覚え方ではなく
私のクマは青っぽいからイエロー！
OK!
自分が消したい色によってコントロールカラーを選びましょう

肌悩み	邪魔な色	コントロールカラー
赤み ニキビ	赤 ピンク	グリーン
くすみ	オレンジ	ブルー
くすみ シミ	黄色	パープル
クマ	黄緑	ピンク
青み クマ	青	オレンジ
青み 影 クマ	紫	イエロー

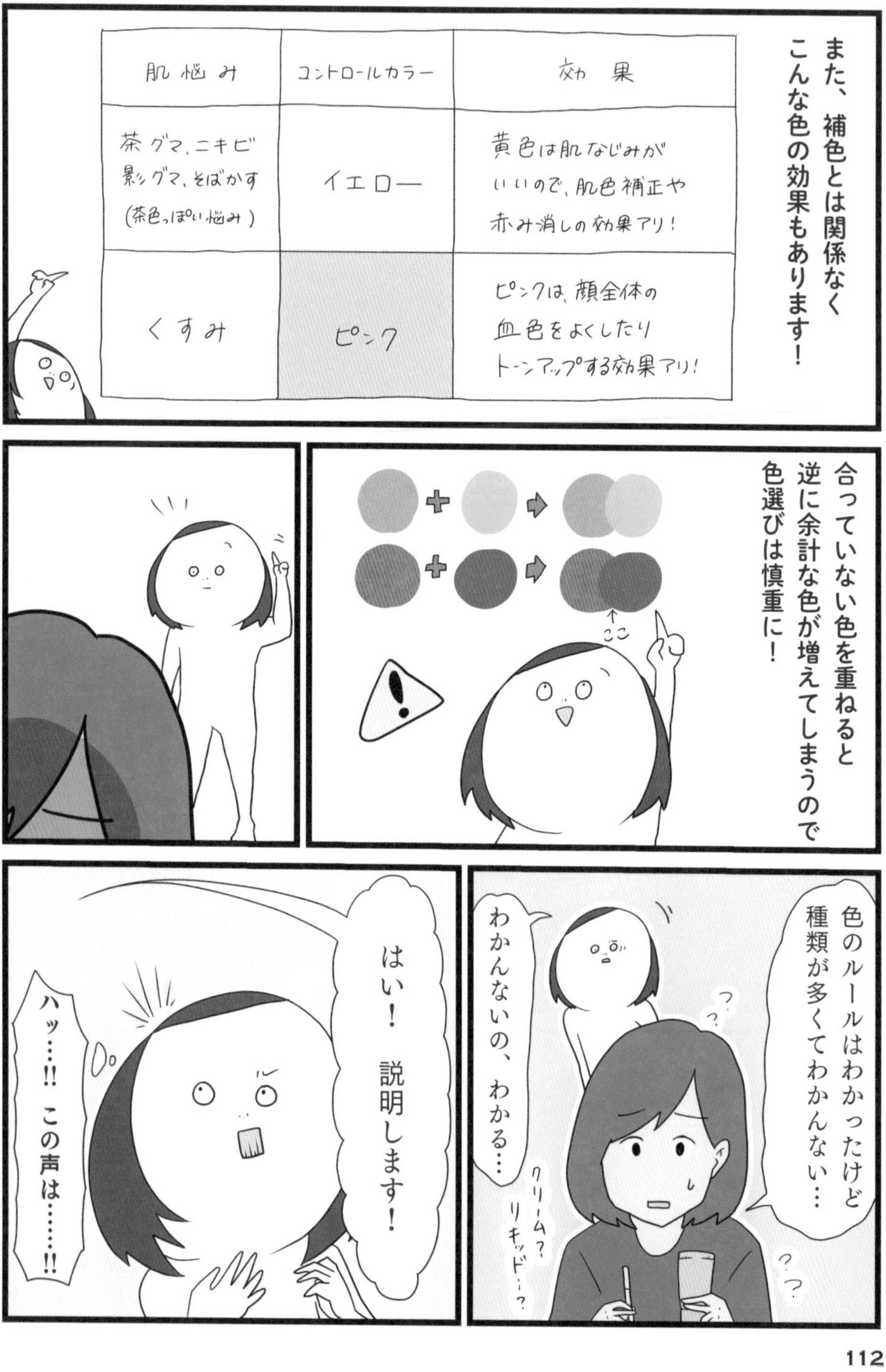
また、補色とは関係なく
こんな色の効果もあります！
肌悩み
コントロールカラー
効果
茶グマ、ニキビ
影グマ、そばかす
(茶色っぽい悩み)
イエロー
黄色は肌なじみがいいので、肌色補正や赤み消しの効果アリ！
くすみ
ピンク
ピンクは、顔全体の血色をよくしたりトーンアップする効果アリ！
合っていない色を重ねると
逆に余計な色が増えてしまうので
色選びは慎重に！
ここ
色のルールはわかったけど
種類が多くてわかんない…
わかんないの、わかる…
クリーム？
リキッド…？
はい！ 説明します！
ハッ…!! この声は……!!

肌の広い範囲の悩みには、
クリームタイプのカラーベースが
使いやすいです
たとえば…
ピンク
グリーン
オレンジ
ブルー
イエロー
パープル
部分的な悩みには
コンシーラーですが…
まずは、何色か入っている
パレットタイプがおすすめです！
肌色のコンシーラーだけでも
いろいろタイプがありますね
ありますねー
？
では、肌色タイプも合わせて
コントロールカラーの
使い方を見ていきましょう！
レッツゴー

顔から消したい色の悩みは色の魔法でカバーする

色
2

ピンク命コントロールカラーブス

血色感のためなら
何でもする
ピンクのカラーベース＆
ピンクのフェイスパウダー
の二刀流
ポンポンポン
ポン
首との色が違いすぎ

ここがブスメイク

血色感や明るさを求めるあまり
ピンク系のカラーベースやフェイスパウダーを
重ねたくなる気持ちはわかりますが、
やりすぎると白浮きして不自然な顔色に。
カラーベースはあくまでもサブと心得て。

カラーベースの基本

カラーベースはベースメイクに仕込むのが正解。
「化粧下地※→コントロールカラー→ファンデーション」の順番です。

※メーカーによっては下地とコントロールカラーが1本になっているもの（ピンク色下地など）があるため、その場合化粧下地はなくてもOK。

① 肌にのせる

テキトーでOK

化粧下地を塗った状態で、
クリームを指に適量とり
色味をカバーしたい部分にのせたら軽くのばす。

② なじませる

ゴシゴシしない！
ポンポン

指か、何もついていないスポンジで
ポンポンと軽くなじませる。
こすりすぎると
下地がヨレるので注意！

カラーベースをのせる場所の例

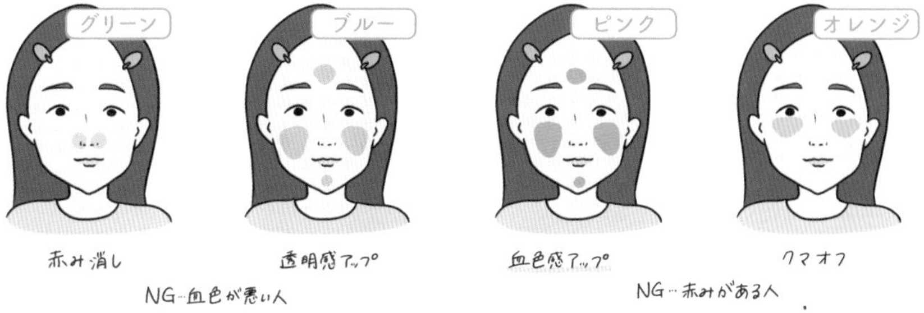
グリーン
赤み消し
ブルー
透明感アップ
NG…血色が悪い人
ピンク
血色感アップ
オレンジ
クマオフ
NG…赤みがある人

（場所ごとに、複数の色を使い分けてもOK！）

コンシーラーの基本

「いきなりカラーコンシーラーはハードルが高い」という人は、まずは肌に近い色のコンシーラーから取り入れてみるのもおすすめ。いくつか種類があるので悩みに合わせて選ぼう。

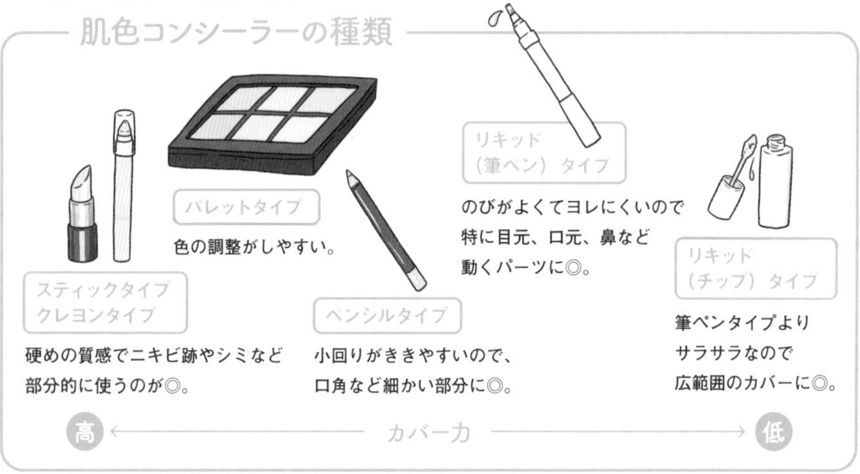
肌色コンシーラーの種類
スティックタイプ
クレヨンタイプ
硬めの質感でニキビ跡やシミなど部分的に使うのが◎。
パレットタイプ
色の調整がしやすい。
ペンシルタイプ
小回りがききやすいので、口角など細かい部分に◎。
リキッド（筆ペン）タイプ
のびがよくてヨレにくいので特に目元、口元、鼻など動くパーツに◎。
リキッド（チップ）タイプ
筆ペンタイプよりサラサラなので広範囲のカバーに◎。
高
カバー力
低

コンシーラーも同じくベースメイクで仕込みを。ただし、使用するファンデによって順番が違うので注意。「コンシーラーはパウダーの前」で覚えるべし！

- **リキッドファンデの場合**　「化粧下地⇒リキッドファンデ⇒**コンシーラー**⇒フェイスパウダー」。
- **パウダーファンデの場合**　「化粧下地⇒**コンシーラー**⇒パウダーファンデ」。

① 指かチップにとる

パレットタイプはチップにとる。
それ以外は、指か直塗りでOK。

② 肌にのせてぼかす

気になる部分に少しずつのせて、
ポンポンと軽く叩いてぼかす。
こすると落ちてしまうのでNG。
仕上げにパウダーをのせたら完成！

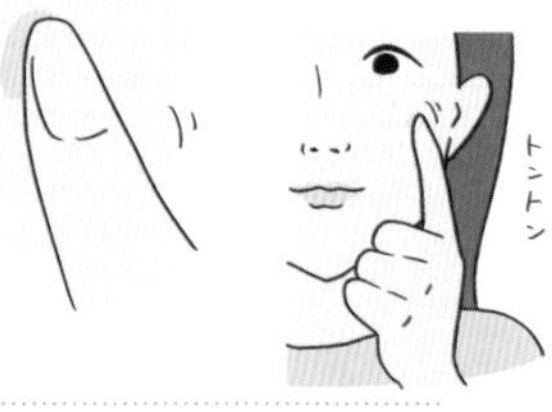
トントン

悩み別・肌色コンシーラーのテクニック

リキッド（筆ペン）タイプ

●小鼻の赤みをカバーしたい

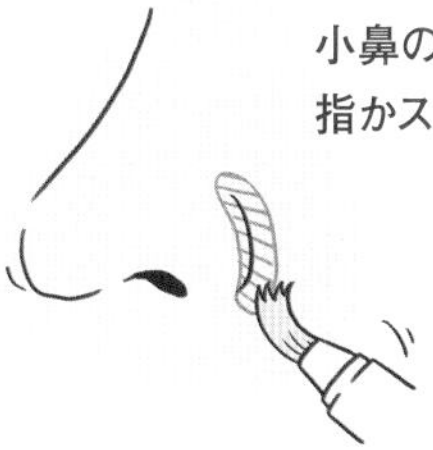

小鼻の付け根にのせ
指かスポンジでぼかす

●ほうれい線をカバーしたい

ほうれい線に対し
薄く垂直にのせ、
スポンジでしっかりと
なじませる

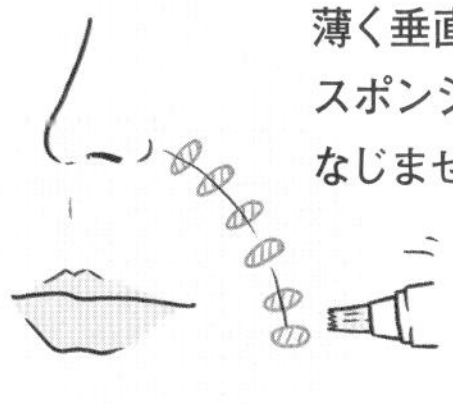

●頬をリフトアップしたい

図の位置にのせ、
スポンジで
しっかりとなじませる

リキッド（チップ）タイプ

●クマやくすみをカバーしたい

①気になる部分にのせる

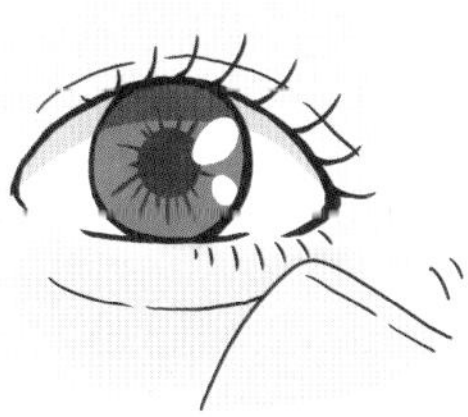

②指かスポンジで広げる

スティックタイプ

●口紅の血色をよくしたい

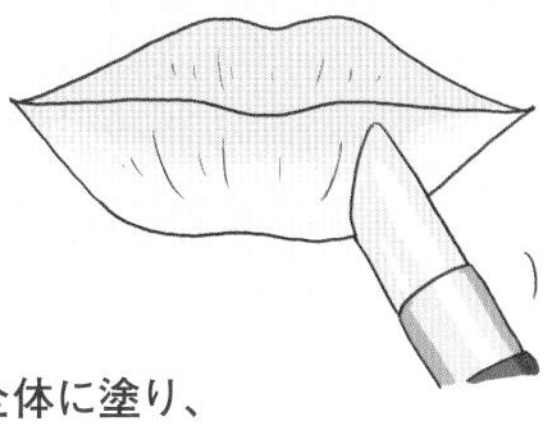

唇全体に塗り、
唇の色味を消してから、口紅を塗る

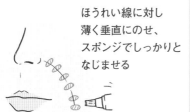

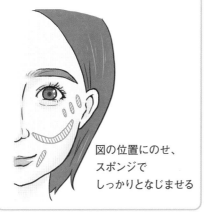

おまけ

●ホクロを消したい！

ホクロの色素が濃い場合、コンシーラーで肌色を重ねるだけだと黒色が透けて逆に目立たせてしまうので NG。キレイに消すために、色のテクニックを使おう！

❶ホクロの黒色の上に

コンシーラーの肌色がのりやすいように、まず赤色をのせる。筆にとった赤いリップかリップライナーをホクロの上に。

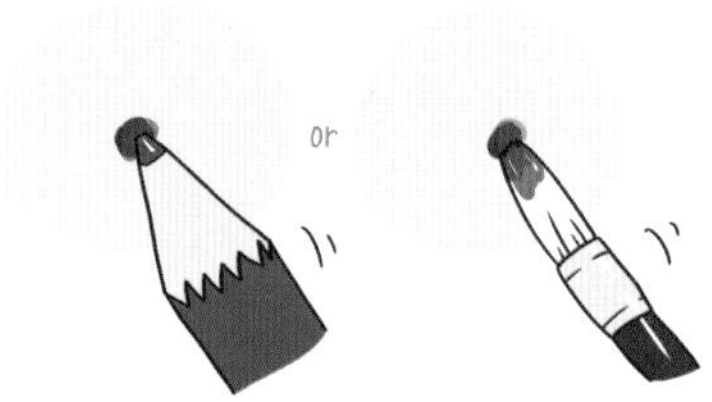
or

「黒→肌色」だと
うまく隠れないので
「黒→赤色→肌色」で
少しずつ肌の色に
近づけるのがポイント！

❷肌の色に近いコンシーラー（オレンジ or 黄色 or 肌色）を重ねる

❸ファンデーションを重ねてなじませると、ホクロがキレイに消える！

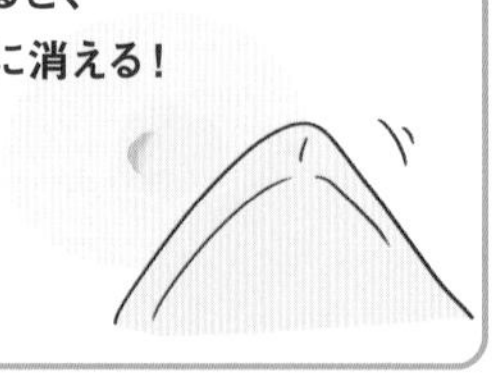

●ホクロを描きたい！

ホクロは顔のアクセントになるので好きな場所に描き足してチャームポイントに！　ただし、肌にいきなり描くと不自然になるので NG。
コンシーラーをぼかしに利用して、リアルなホクロを描いてみよう！

❶下地を塗った肌に、アイライナーで好きな場所にホクロを描く

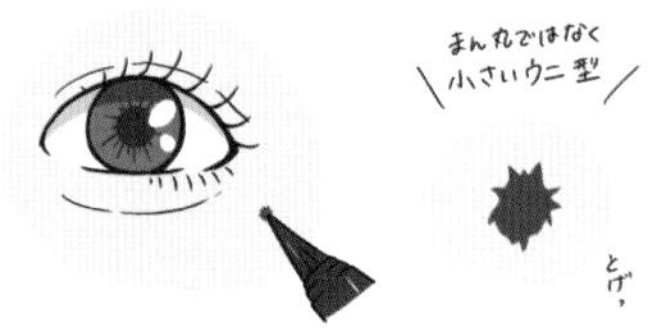
まん丸ではなく
小さいウニ型
とげ、

❷アイライナーが完全に乾いたら、リキッドタイプのコンシーラーで軽く消し、ファンデを重ねる。もとからあるような自然なホクロの完成！

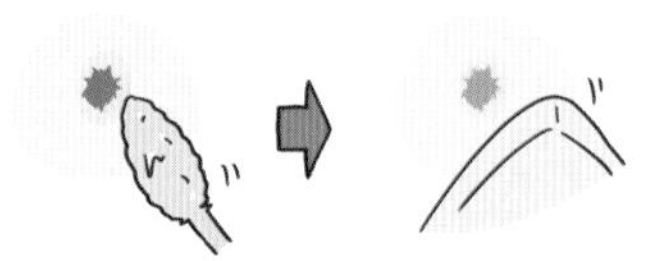

ニセホクロは、
描く位置によって印象が変わる！

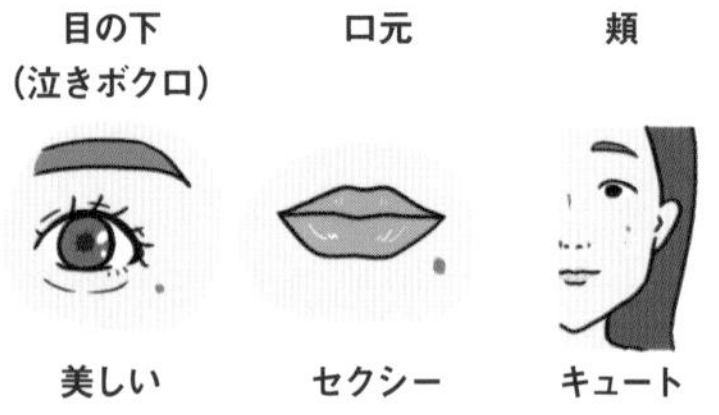
目の下
（泣きボクロ）
口元
頬
美しい
セクシー
キュート

顔のパーツの余白部分を埋めるためにニセホクロを描くのも◎。（求心顔さん→泣きボクロなど）

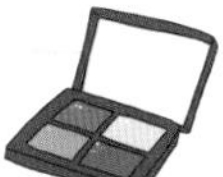

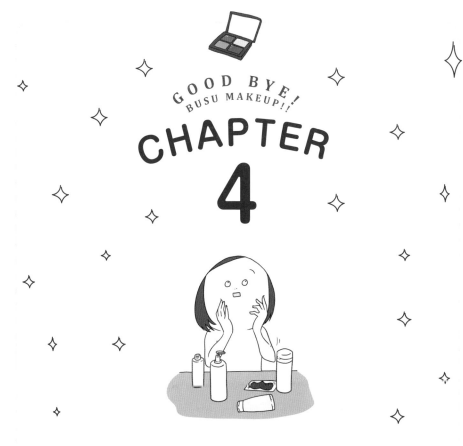

GOOD BYE!
BUSU MAKEUP!!

CHAPTER 4

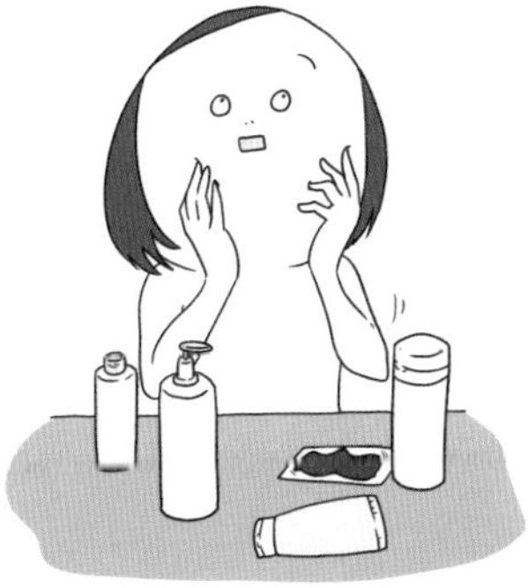

自分の肌を知って、ブスメイクをやめる！

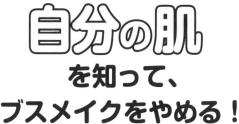

打ち合わせ
私、メイクでごまかす術はもっているんですけど肌の基本知識がほとんどなくて……
アハハ
だから、どうしても毛穴だけはメイクでどうにもできないんですよね～
近寄られると毛穴が目立つから遠目で見て～的な
わかります
遠い……
そもそも毛穴は誰にでもあるから完全に消すのは無理ですよね～
ですよね～
っていうか、毛穴のない人間なんて怖いですからね
たしかに～
でも、スキンケアとメイクを工夫することで、毛穴を目立たなくすることは可能です！

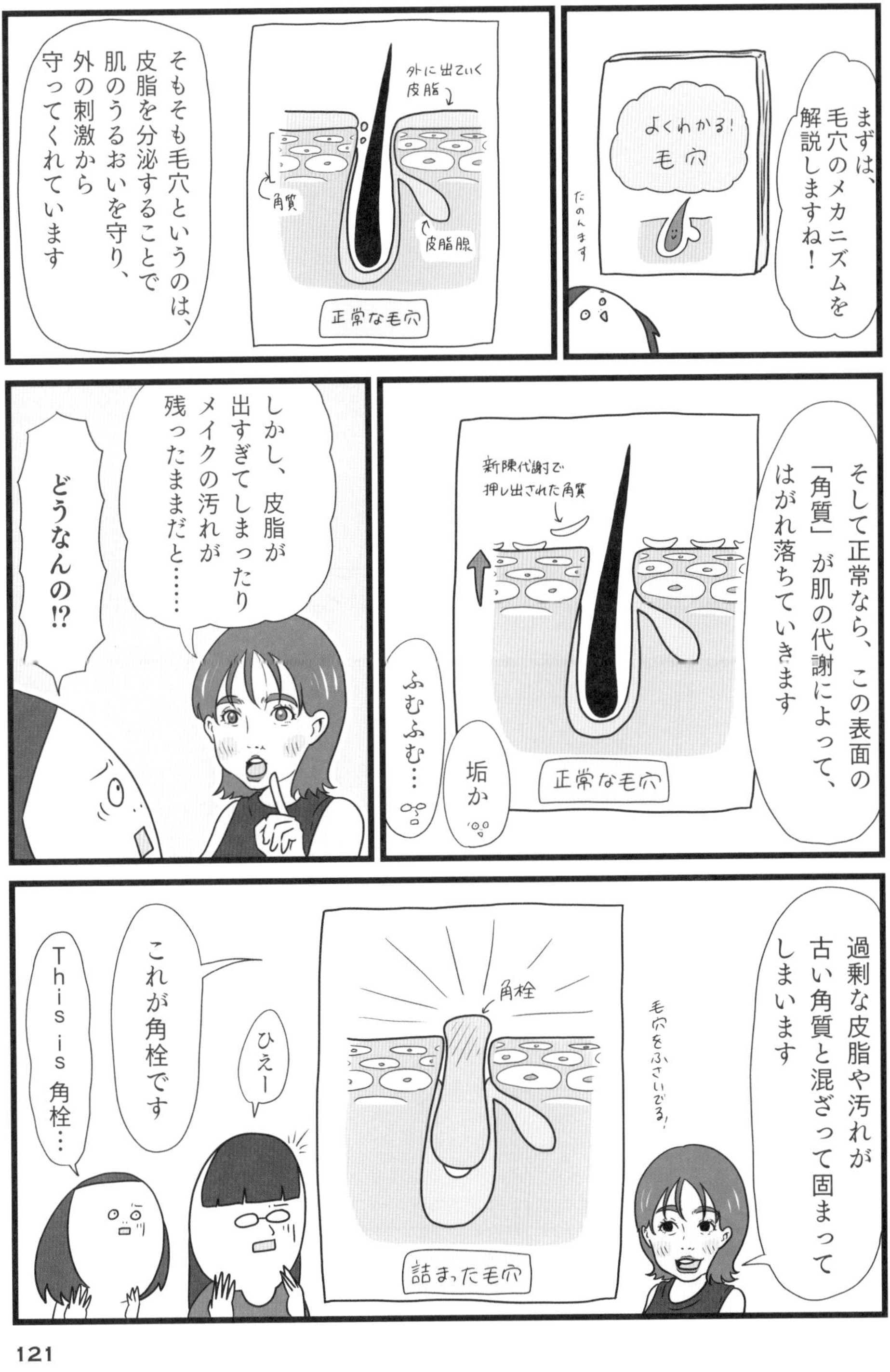
まずは、毛穴のメカニズムを解説しますね!
よくわかる! 毛穴
たのんます
外に出ていく皮脂
角質
皮脂腺
正常な毛穴
そもそも毛穴というのは、皮脂を分泌することで肌のうるおいを守り、外の刺激から守ってくれています
そして正常なら、この表面の「角質」が肌の代謝によって、はがれ落ちていきます
新陳代謝で押し出された角質
正常な毛穴
垢か
ふむふむ…
しかし、皮脂が出すぎてしまったりメイクの汚れが残ったままだと……
どうなんの!?
過剰な皮脂や汚れが古い角質と混ざって固まってしまいます
毛穴をふさいでる!
角栓
詰まった毛穴
これが角栓です
ひえー
This is 角栓…

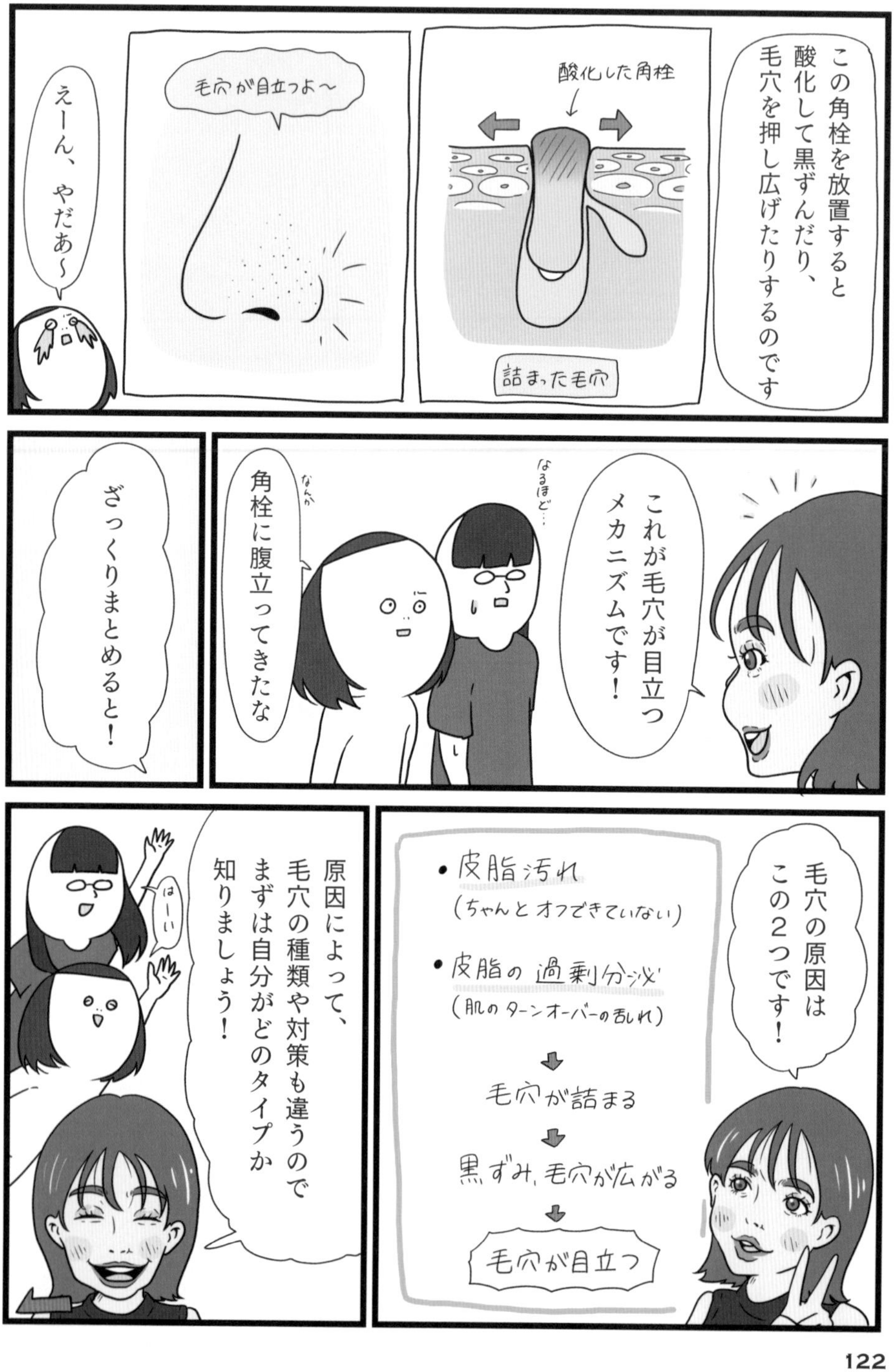
この角栓を放置すると酸化して黒ずんだり、毛穴を押し広げたりするのです
酸化した角栓
詰まった毛穴
毛穴が目立つよ～
えーん、やだあ～
これが毛穴が目立つメカニズムです！
なるほど…
なんか
角栓に腹立ってきたな
ざっくりまとめると！
毛穴の原因はこの2つです！
・皮脂汚れ
(ちゃんとオフできていない)
・皮脂の過剰分泌
(肌のターンオーバーの乱れ)
毛穴が詰まる
黒ずみ、毛穴が広がる
毛穴が目立つ
原因によって、毛穴の種類や対策も違うのでまずは自分がどのタイプか知りましょう！
はーい

毛穴のタイプ

① 詰まり毛穴（皮脂汚れ）

【特徴】・白い塊がポツポツ見える
・ザラザラしている

【原因】・メイク汚れなど古い角質が落としきれていない

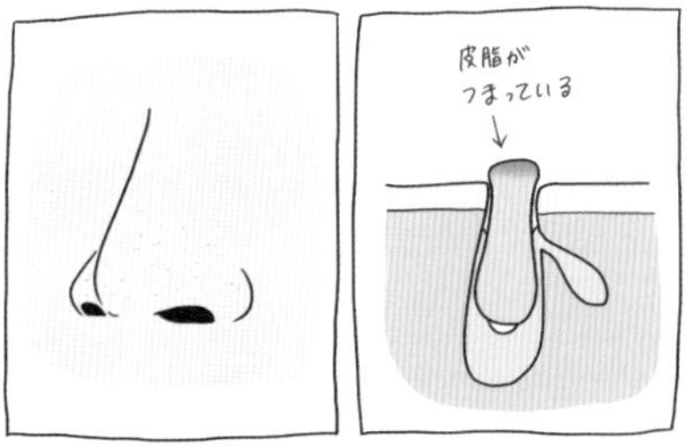
皮脂が
つまっている

② 黒ずみ毛穴（皮脂汚れ・皮脂の過剰分泌）

【特徴】・詰まった角栓が酸化して黒ずんでいる
・ザラザラしている

【原因】・メイク汚れなど古い角質が落としきれていない
・肌のターンオーバーの乱れ
・紫外線によるメラニン色素の沈着（ザラザラしてない場合）

角栓が酸化
して黒く!

③ 開き毛穴（皮脂の過剰分泌・乾燥）

【特徴】・毛穴が大きく丸く開いている

【原因】・肌のターンオーバーの乱れ
・うるおい不足

加齢によって肌のハリが低下して
重力にたえきれなくなると……

毛穴全体が
広がっている!

④ たるみ毛穴（乾燥・加齢）

【特徴】・毛穴が縦にひらいている（涙型）
・頬に多く見られる
・主に30代後半から目立ちはじめる

【原因】・うるおい不足
・加齢による肌のハリや弾力の低下

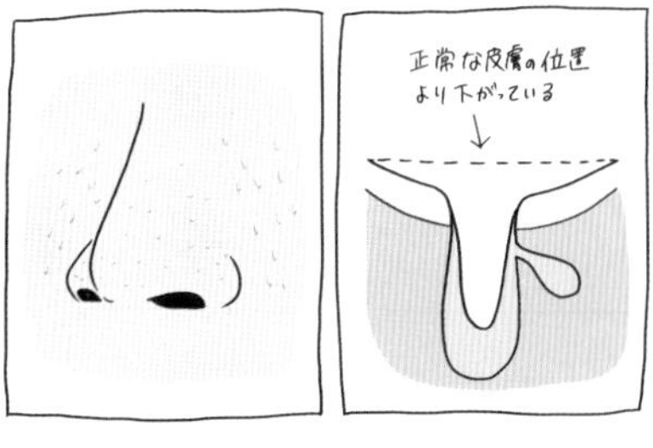
正常な皮膚の位置
より下がっている

ペリッ
そーっ…
ペリペリペリ…
ペリ…
鼻パック…気持ちいいっ…
この見つめてる時間が好き
これだけ色々やればバッチリ～…
ちょっとまって～～!!
毛穴ケア
スクラブ洗顔
スッキリ
ピーリング
毛穴
え？ なんでダメなの!?
毛穴の種類によって、アイテムは違うのでむやみに色々やるのはNGです!!
まちがったアイテム選びは、逆に毛穴を悪化させてしまいます！
え、絶対やだ
毛穴対策の大前提としては、これが基本！
・規則正しい生活習慣
(肌のターンオーバーを乱さない)
・しっかりクレンジングと洗顔をして、汚れを残さない！
・肌を乾燥させない
(化粧水や乳液でしっかり保湿)
・肌に刺激を与えない
(毛穴パック、ゴシゴシ洗いNG)
その上で、プラスαのスキンケアアイテム選びを紹介します!!

おすすめの毛穴対策スキンケア

●酵素洗顔パウダー

おすすめ　**詰まり毛穴・黒ずみ毛穴**

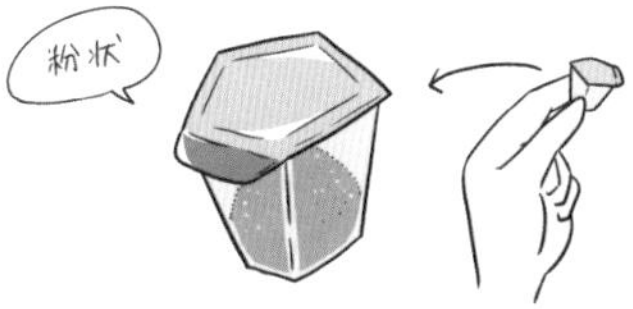

パウダー状の洗顔料。
角栓は主にタンパク質からできているので
タンパク質の分解作用がある「酵素」により、
古い角質を取り除いてくれる。
ただし使いすぎると必要な角質まで落としてしまい、
肌荒れの原因になるので週に1～2回がベスト！

※古い角質にアプローチするアイテムは他にも色々ありますが、肌への刺激がやや強め。
直接の刺激が少なく、洗い流せる酵素洗顔がおすすめ！

●ピーリングジェル

酸の成分によって、
表面の古い角質を
取り除く。

●スクラブ洗顔料

ピーリングの一種。
粗めの粒子が配合
されており
こすった摩擦により
表面の古い角質を取り除く。

●ビタミンC誘導体入り美容液

おすすめ　**全タイプ**

ビタミンCには、皮脂の過剰分泌をコントロールする
働きがあるので毛穴の開きや黒ずみに効果的！
ほかにも、シミ予防効果や、コラーゲンを増やして
肌のハリをつくるエイジング効果もあります。
少し刺激が強い場合があるので、肌が弱い人は注意。

～ビタミンC誘導体って？～
性質上、ビタミンCは肌に浸透しづらいので
成分が入りやすいように、人工的に作られたものを
「ビタミンC誘導体」と言うよ。

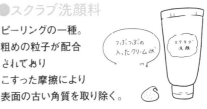

ベースメイクにひと仕込みで毛穴をなかったことにする

肌 1

ポツポツ毛穴強調ブス

自分では隠せていると
思っている
とにかく塗りまくった
ファンデーション
毛穴にファンデが
入り込んでさらに目立つ

ここがブスメイク

毛穴を隠すために、ついファンデーションを
厚塗りしがちですが
むしろ毛穴を目立たせて悲惨なことに!
メイク崩れの原因にもなるのでいいことなし!
どんなに毛穴をカバーしたくても、ファンデ
の量は増やさないこと!

毛穴カバーメイクのポイント

ポイント

気になる毛穴は、ファンデの量を増やすのではなく
「毛穴用下地」を仕込んで、凹凸のない土台をつくる！

毛穴用下地の選び方

種類は大きく2つあり、用途によって選べばOK。
メーカーによっては「ポアプライマー」と記載されています。

①毛穴カバー下地（全顔用）

毛穴に特化した下地で、これ1つでカバーできる。
とにかく毛穴が一番気になる人や、メイクの時短をしたい人におすすめ。

②部分用下地

凹凸をしっかり埋める効果があり、下地の前に使う。
メイクを崩したくない日や、鼻以外はコントロールカラーなど
別のアイテムを使いたい人におすすめ。

①毛穴カバー下地

顔全体

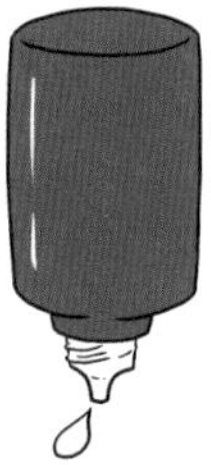

下地も毛穴カバーも
これ1本ですむので
厚くならない＆手軽。

②部分用下地

深い毛穴向き

クリームタイプ

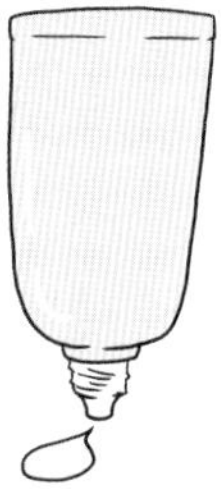

やわらかい質感で
のびがよく
使いやすい。

シリコンタイプ

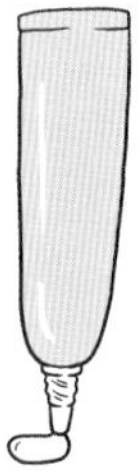

かための質感で
毛穴がしっかり
埋まる。

浅い毛穴向き

スティックタイプ

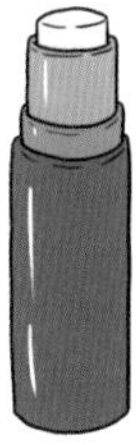

ピンポイントで
塗れる。

やわらかめ ◀―― 質感 ――▶ かため

部分用下地（毛穴用）の基本

部分用下地は、ベースメイクの一番最初（下地やファンデーションの前）に塗ります。「スキンケア→**部分用下地**→下地→ファンデ or コンシーラー」の順番で。

① 顔の油分をティッシュオフ

これだけで
メイク崩れは
かなり防げる

化粧水と乳液でスキンケアをしたら
ティッシュをのせて余計な油分を取る。

こすらず、やさしく押さえる

② 小鼻はクルクルと塗る

クルクル

部分用下地を小鼻にのせたら
円を描くようにクルクルと動かして
毛穴に埋め込む。

③ 頬は下から上へ塗る

このあと
下地↓ファンデ
と続くよ

頬の毛穴は下から上へ
持ち上げるように塗り込む。

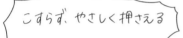

〜そのほかの部分用下地〜

これまで紹介した「毛穴下地」や「カラーコントロール下地」は、毛穴や色みに特化した下地でしたが、肌質の悩みによって下地を選ぶ方法もあります。

●皮脂テカリ防止下地／皮脂崩れ防止下地

皮脂崩れを防ぐので、Tゾーンなどがテカリやすいオイリー肌さんにおすすめ。

TEKARI
BOUSHI

●保湿下地

保湿効果が高くツヤを与えてくれるので、乾燥肌さんにおすすめ。

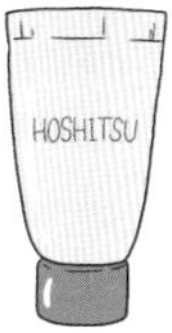
HOSHITSU

肌の悩みに合わせて、下地を部分的に使い分けてもOK！

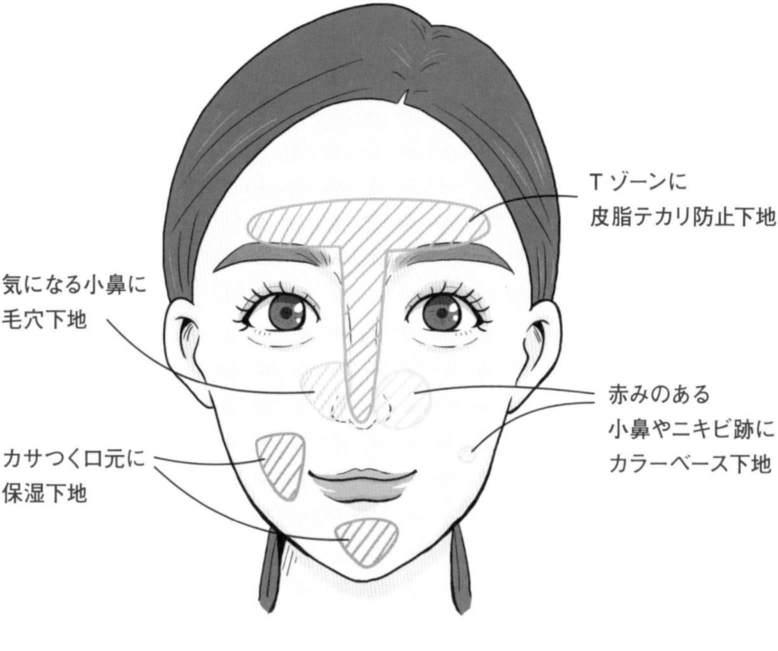
Tゾーンに
皮脂テカリ防止下地
気になる小鼻に
毛穴下地
赤みのある
小鼻やニキビ跡に
カラーベース下地
カサつく口元に
保湿下地

かんたんな毛穴対策って色々あるんですね
まずは洗顔が基本ですからね！
洗顔か〜
・・・
私、洗顔がめんどくさいときはシー○リーズで拭き取ってすませちゃってました〜
たはは
体育のあとにJKが使うでおなじみあのシー○リーズ
ふきふき
コットン
なんとなくスッキリしたっぽい
※公式の使い方ではありません
・・・
・・・
あ、めっちゃ引いてる
クレンジングを笑うものは10年後に必ず泣きます！

今まで何万人もの人を
メイクしてきましたが、
年齢を重ねても美しい人に
共通するのが、 肌を大事に
していること！
同じ年齢でも、
その人が今まで
肌をどう扱ってきたかで、
状態が全然違うんです！
つい、まつ毛エクステや
新色のリップなどのように
「目で見てすぐに変化がわかるもの」
にお金をかけたくなるけど…
？
映えない…
ちょっといいリップ
どんなにいいアイテムを使っても
もとの肌がボロボロだと
台無しになってしまいます
だから「クレンジング」は
一番お金をかけてあげていい
ところです！
CLEANSING
今まで気にしたこと
なかったな、クレンジング…
落ちればいいと
思ってた…

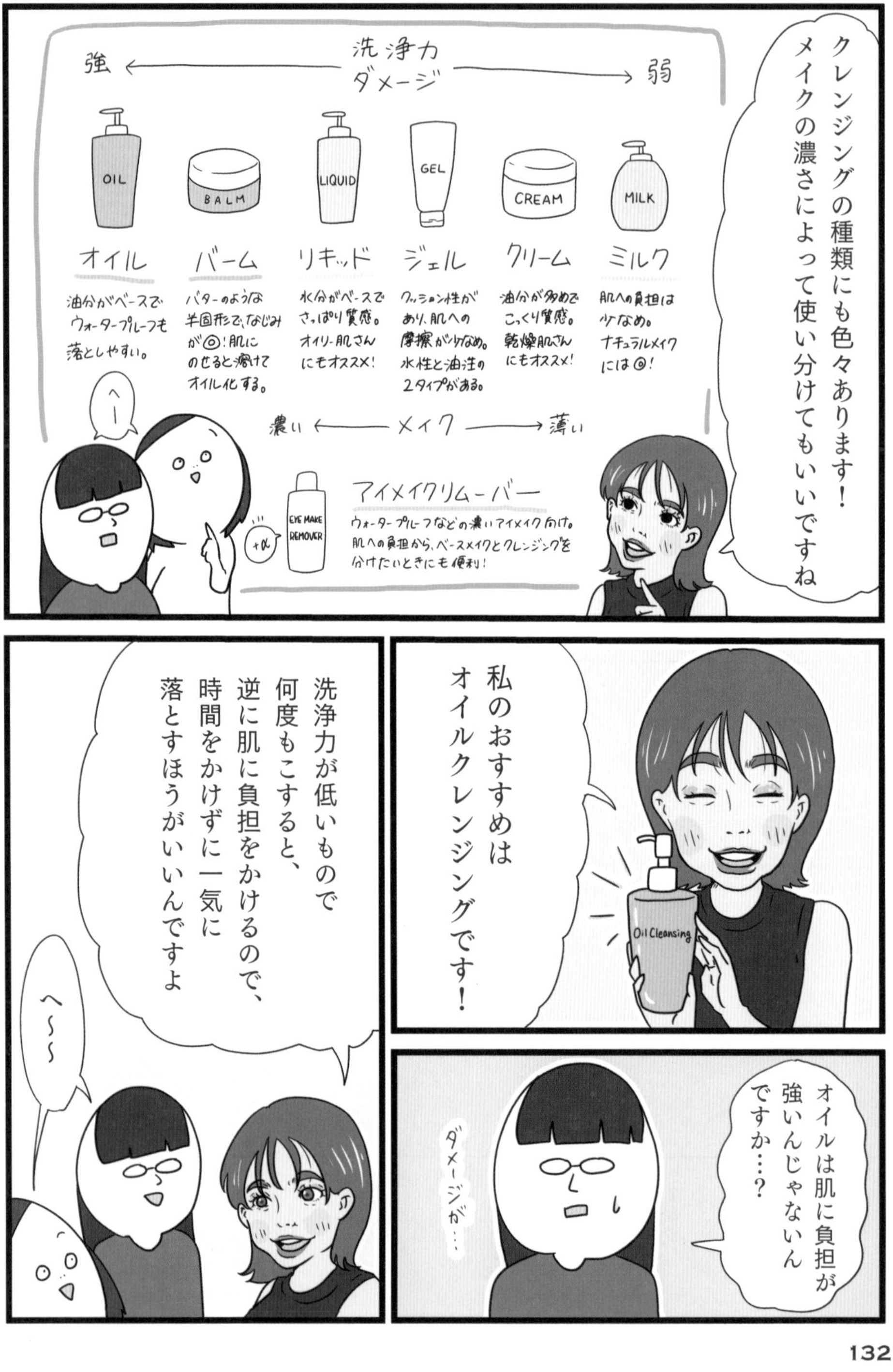
クレンジングの種類にも色々あります！
メイクの濃さによって使い分けてもいいですね
洗浄力
ダメージ
強
弱
OIL
BALM
LIQUID
GEL
CREAM
MILK
オイル
油分がベースでウォータープルーフも落としやすい。
バーム
バターのような半固形で、なじみが◎！肌にのせると溶けてオイル化する。
リキッド
水分がベースでさっぱり質感。オイリー肌さんにもオススメ！
ジェル
クッション性があり、肌への摩擦が少なめ。水性と油性の2タイプがある。
クリーム
油分が多めでこっくり質感。乾燥肌さんにもオススメ！
ミルク
肌への負担は少なめ。ナチュラルメイクには◎！
へー
濃い
メイク
薄い
+α
EYE MAKE REMOVER
アイメイクリムーバー
ウォータープルーフなどの濃いアイメイク向け。肌への負担から、ベースメイクとクレンジングを分けたいときにも便利！
私のおすすめはオイルクレンジングです！
Oil Cleansing
オイルは肌に負担が強いんじゃないんですか…？
ダメージが…
洗浄力が低いもので何度もこすると、逆に肌に負担をかけるので、時間をかけずに一気に落とすほうがいいんですよ
へ〜〜

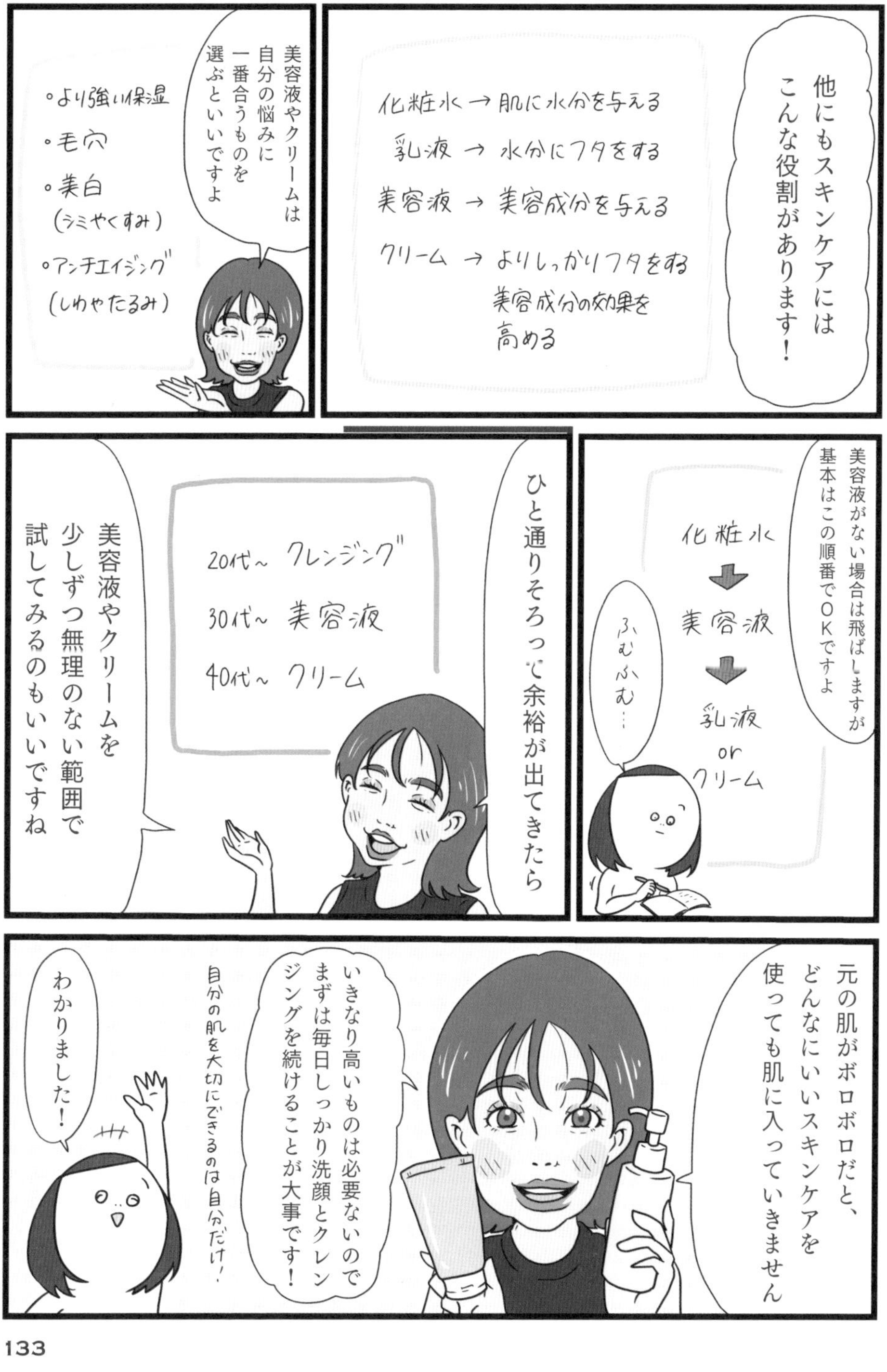
他にもスキンケアにはこんな役割があります！
化粧水 → 肌に水分を与える
乳液 → 水分にフタをする
美容液 → 美容成分を与える
クリーム → よりしっかりフタをする 美容成分の効果を高める
美容液やクリームは自分の悩みに一番合うものを選ぶといいですよ
・より強い保湿
・毛穴
・美白 (シミやくすみ)
・アンチエイジング (しわやたるみ)
美容液がない場合は飛ばしますが基本はこの順番でOKですよ
化粧水
美容液
乳液 or クリーム
ふむふむ…
ひと通りそろって余裕が出てきたら
20代～ クレンジング
30代～ 美容液
40代～ クリーム
美容液やクリームを少しずつ無理のない範囲で試してみるのもいいですね
元の肌がボロボロだと、どんなにいいスキンケアを使っても肌に入っていきません
いきなり高いものは必要ないのでまずは毎日しっかり洗顔とクレンジングを続けることが大事です！
自分の肌を大切にできるのは自分だけ！
わかりました！

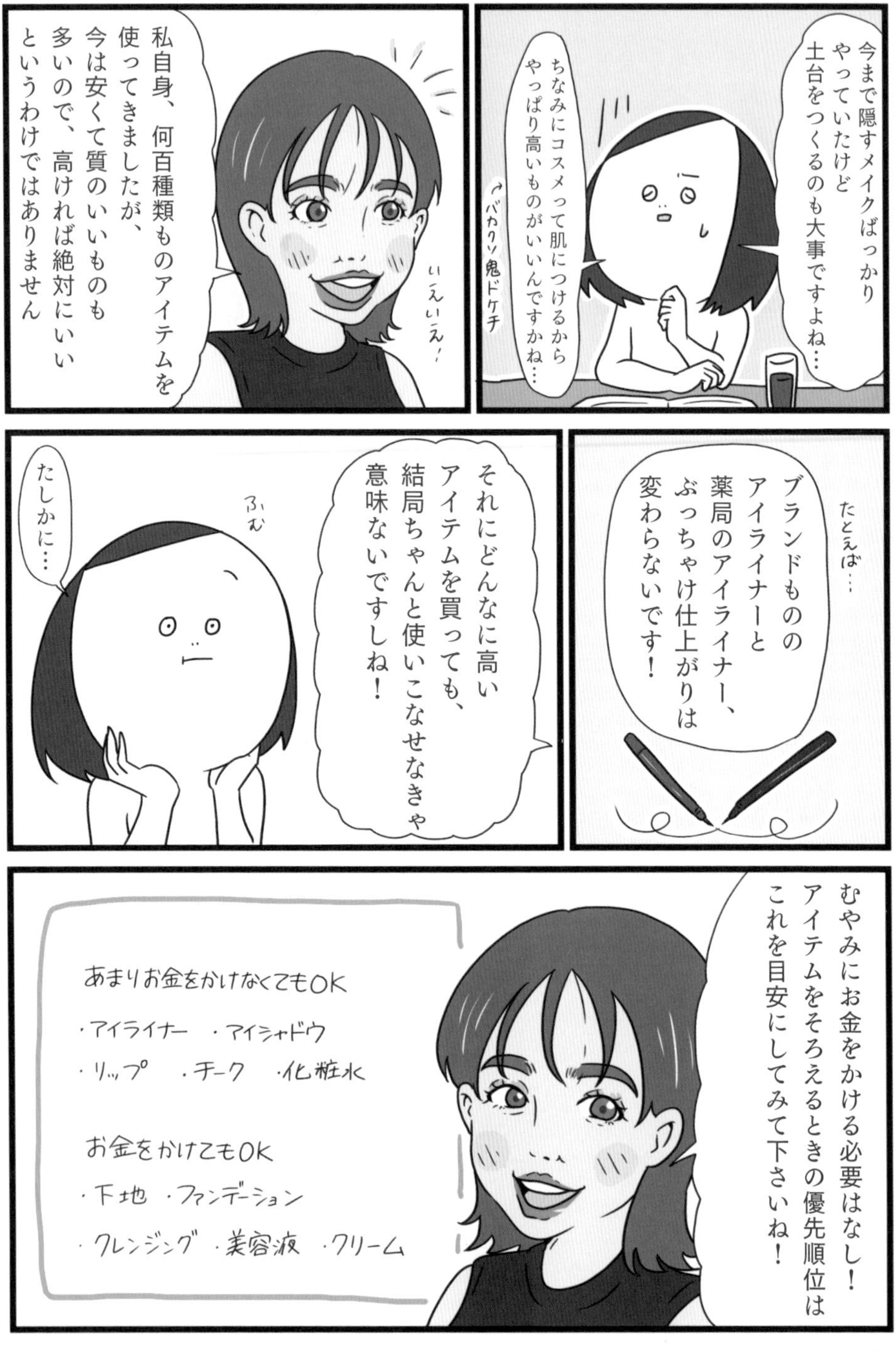

今まで隠すメイクばっかりやっていたけど土台をつくるのも大事ですよね…
ちなみにコスメって肌につけるからやっぱり高いものがいいんですかね…
↑バカクソ鬼ドケチ
いえいえ！
私自身、何百種類ものアイテムを使ってきましたが、今は安くて質のいいものも多いので、高ければ絶対にいいというわけではありません
たとえば…
ブランドもののアイライナーと薬局のアイライナー、ぶっちゃけ仕上がりは変わらないです！
それにどんなに高いアイテムを買っても、結局ちゃんと使いこなせなきゃ意味ないですしね！
ふむ
たしかに…
むやみにお金をかける必要はなし！アイテムをそろえるときの優先順位はこれを目安にして下さいね！
あまりお金をかけなくてもOK
・アイライナー　・アイシャドウ
・リップ　・チーク　・化粧水
お金をかけてもOK
・下地　・ファンデーション
・クレンジング　・美容液　・クリーム

ファンデか…
うーん…
ちょっといいファンデ
買ってみようかな…
コスメカウンターに行っ…
いや怖くて行けない！
いらっしゃいませー♡
なんでお前らみたいのがここに来てんだよ
↑たぶん思ってないけどそんなイメージ
美
わかります!!
あはは
そんなに怖くないから安心して下さい！「今日は○○を見るぞ」というように何かひとつ目的を決めて行くのがコツです
なんとなく行くと、店員さんが売りたいものをおすすめされる場合もあるので、自分の意思を伝えるのが大事です！
きゃーお客さま、このお色お似合いです♪
これ買えやぁ…
はぁぁ……!!
はじめての場合は、これを参考にしてみて下さいね
もちろん買わなくてもOKです!
コスメカウンターで使えるフレーズ集
「今日はリップを見に来ました」
「アイシャドウを茶色系で探しています」
アイテムが決まってない場合は…
「私に合う色を提案してほしいです」
など！
助かるぅ〜

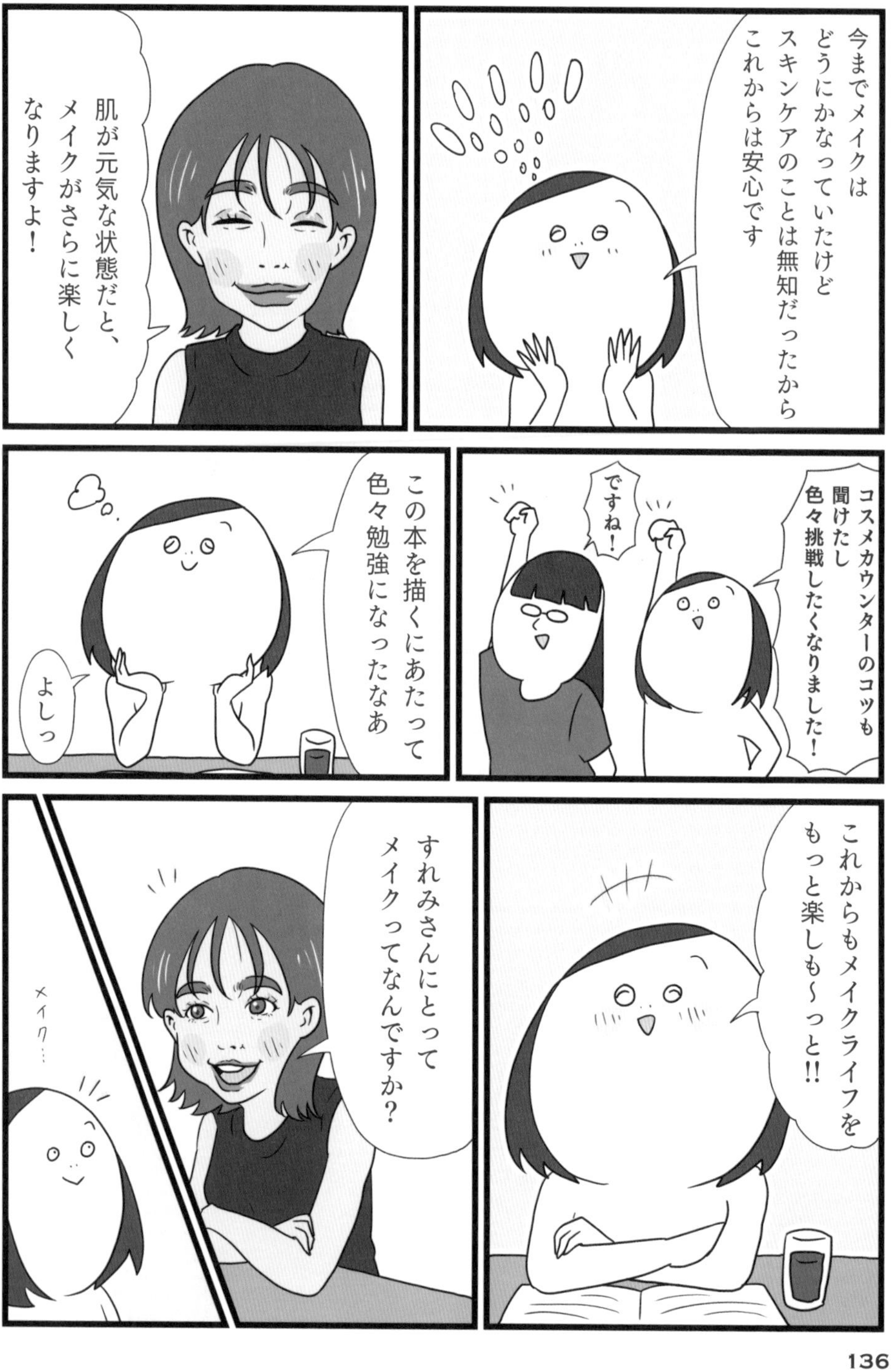
今までメイクはどうにかなっていたけどスキンケアのことは無知だったからこれからは安心です
肌が元気な状態だと、メイクがさらに楽しくなりますよ！
コスメカウンターのコツも聞けたし色々挑戦したくなりました！
ですね！
この本を描くにあたって色々勉強になったなあ
よしっ
これからもメイクライフをもっと楽しも〜っと!!
すれみさんにとってメイクってなんですか？
メイク…

んー……自分に自信をもつためのツールですね!
私、すっぴんのときって本当に元気ないんですよね ブスだから、なるべく人と顔を合わせないようにしたり(笑)
えっ? あ、うん…
でもメイクをすると、元気になるしウザいくらい明るくなれるんですよ
うんうん
少しでも自信がもてると笑顔も自然に出ちゃいます
てれっ
まぁそんな感じですかね
メイクには本当に助けられてます!
えへへ
ステキです
うんうん
まぁ、だからこそ…
私と同じように悩んでいる人が少しでもメイクにチャレンジするきっかけになったらうれしいです
メイクをうまく使って楽しく過ごそう〜〜〜!

もっと教えて！

TOMOMIさんQ&Aコーナー

Q コスメに賞味期限ってあるの？

A 未開封で３年が目安。開封後はホコリや雑菌が混ざる場合もあるので、なるべく早く使い切るのがベスト。液体状のものは開封後１年が目安です。特に異変がなければある程度の使用は大丈夫ですが、使用して肌が荒れたり、ちょっとでもニオイが気になったりしたら新しいものに買い換えましょう！

Q ブラシやパフって洗った方がいい？

A 汚れたままのブラシやパフでメイクするのは、顔に雑菌だらけの雑巾をのせているのと同じ！肌荒れの原因にもなるので、汚れが目立ってきたらお手入れしましょう。専用のクレンジングも売っていますが、面倒くさいという人のために家にあるグッズで洗う方法を紹介します！

●ブラシの場合

１、軽く水洗いする
２、シャンプーでよくもんで流す
３、仕上げにリンスを少量つける
（ブラシがパサパサするのを防ぐよ）
４、すすぎ残しがないようにしっかり洗って乾かす

●パフの場合

１、軽く水洗いする
２、せっけんか中性洗剤でよくもむ
３、すすぎ残しがないように、しっかり洗って乾かす

Q クレンジング以外に、肌のためにやっておいたほうがいいことは？

A 肌に直接紫外線をあび続けると、数年後にシミやシワの原因になることも。肌老化を防ぐために、日焼け止めなどでのUV（紫外線）対策も大切です。最近は、下地やファンデーションにUVカット機能がついた商品もあるのでぜひチェックを。見るポイントは、SPFとPAの数値！

～UVカットのシーン別目安～

通勤通学や、近所への買い物など	SPF15～20／PA+～++
外での軽いスポーツやレジャーなど	SPF30／PA+++
炎天下での長時間のスポーツや、海や山でのレジャーなど	SPF50／PA++++

SPF＝「赤み、シミ、そばかすなどの原因になる紫外線」のカット効果
PA＝「シワやたるみの原因になる紫外線」のカット効果

ただし数値が高いほど肌への負担も大きいため、
日常生活でSPF50は必要なし。シーンに応じて使い分けよう。

Q 下地と日焼け止めを両方使う場合、どっちから塗るの？

A 下地とファンデは続けて使うのが効果的なので、
「スキンケア→日焼け止め→下地→ファンデ」の順がベストですが
もし下地にUVカット効果がある場合は、日焼け止めはなしでもOK。

ちなみに、SPFは足して増えるものではありません。たとえば、
「SPF20の日焼け止め」と「SPF20の下地」を重ねても
SPF40の効果になるわけではないので覚えておきましょう！

もし出先で日焼け止めを塗り直したい時は、
顔用のスプレータイプの日焼け止めがあると
メイク崩れを防げるのでおすすめ！

Q　顔がむくみやすく、メイクがイマイチうまくのらない…。

A　お風呂上がりやメイク前のスキンケアのときに、マッサージを習慣にしてみましょう。
老廃物が流れてむくみがスッキリすると、メイクのりもアップします。
全部でなくても気になる箇所だけでOK！

～顔全体のマッサージ～

●頬のたるみをすっきりさせる！

こぶしの第２関節を頬骨にあてて
下から上へ持ち上げるようにゆっくりプッシュ。
ほうれい線予防にもなる。

●あごのたるみをすっきりさせる！

こぶしの第２関節をあごの下にあてて、
あごを持ち上げるようにグーッとプッシュ。
大きく息を吸って吐きながら５秒間。

●顔のコリをほぐす！

実は顔の中で一番こりやすいのがおでこ！
人差し指をくの字にして、左右に
グッグッと刺激。

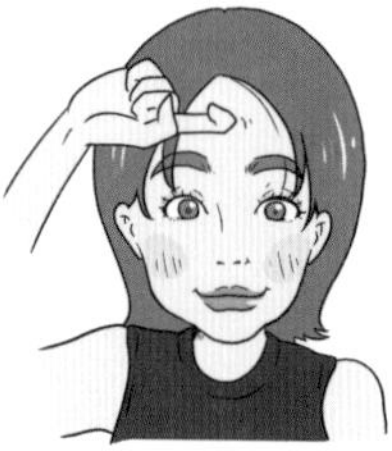

～目のマッサージ～

●目の疲れをとる！

親指の腹を目頭の
くぼみにあてたら
一度大きく息を吸い、
吐きながらグーッと
５秒間プッシュ。

中指と人差し指を
こめかみにあてたら
一度大きく息を吸い、
吐きながらグーッと
５秒間プッシュ。

●目のむくみをとる！

中指と人差し指を、涙袋のすぐ下の部分にあてたら
目元を下から持ち上げるように５秒間プッシュ。
（目元は皮膚が薄いので、乳液や美容液などで手の滑りがいい状態で！）

Q　つけまつ毛に挑戦したいけど、どれを選べばいいの？

A　つけるだけでパッと華やかになれるつけまつ毛。
実は顔タイプによってもおすすめの選び方があります。

初心者におすすめ

●ナチュラルタイプ
１本１本の毛が細く
自然な仕上がり。

●根元が透明タイプ
より自然に見える。
芯がやわらかいので、
つけ心地もよい。

●クロスタイプ
長さの違う毛が混ざっているので
自まつ毛になじみやすい。
どの顔タイプにも合いやすい。

求心顔におすすめ

●目尻が長いタイプ
目を横に大きく
見せる。

遠心顔におすすめ

●中央が長いタイプ
目を縦に大きく見せる。
黒目を大きく見せる効果も。

（黒目が小さい人や、一重の人にもおすすめ！
さらに、一重の人は全体的に短めの長さを選ぶ
のがおすすめ。）

おわりに

本書を手に取って頂きありがとうございます。

以前、Twitterで「ブスから普通になる方法」という自分のメイクプロセスをツイートしたときに、「すごい！」「真似してみます！」「考え方が変わりました！」という意見が多く来ましたが（ありがたい）、「外見で人を判断されるのが嫌だからメイクはしない」という声や「なんで女はメイクしなきゃいけないんだ」という声など、メイク自体に否定的な意見もありました。

別にね、メイクなんてしなくたっていいと思ってるんですよ、私は。本書いておいてなんですが。「メイクはマナーだから絶対やれ！」なんて言われても腹立つし、「メイクしてない人が悪い！」とも思っていません。

でも、たとえば私のようにメイクすることによって明るくなれる人がいたり、逆にメイクによってブスになっている人を見たりすると、「どうせメイクするなら、ちょっとでもよく見える自分に合ったメイクをするのがいいな」と思っていました。

だからこそ今回、こうやって本が出せてよかったなって本当に感じます。大感謝……。

やった〜〜〜〜〜〜〜〜!!　ありがとう〜〜〜〜〜〜〜〜〜〜〜〜〜〜〜〜〜!!

自分のメイクって、変でも案外気づきにくいもので、後々見返してから「あれ!? なんだこのメイク!?」となることが多いので、この本で今のメイクが自分に合っているのかどうか確認できていたら嬉しいです。あと、ちょっと変なメイクをしている友達がいたら、さりげなくこの本を目のつく場所に置いてあげてください。

余談ですが、先述のツイートには意外にも、「元々ブスじゃない」「元から可愛い」なんて意見が割ときて「まじか。私って実はブスじゃないのでは……????」と思い、家族や当時の彼氏に聞いてみたら「いや、ブスだよ」と返ってきたので、私の周りには素直な人が多くてよかったなって思いました。

最後に、メイク監修をして下さったTOMOMIさん、(全然締め切りを守らなかった)私をサポートして下さった担当編集の大川さん、そして、この本に携わって下さったすべてのみなさん、本当にありがとうございました!!

この本を見て下さったみなさんが、自分に合ったメイクを見つけられますように!! 毎日楽しく明るく生きようね〜〜〜〜〜〜〜!!

最後まで読んで下さり、ありがとうございました!!

すれみ

すれみ（著）

イラストレーター。 主に日常のあるあるを描いている。
ある日、加工アプリではないカメラで撮った自分のブスさに衝撃を受け、自分の顔に合うメイクを研究するようになる。 Twitter に自身のメイク手法とビフォーアフター写真を「ブスから普通になる方法」として投稿したところ、「これまで見たどのメイク指南書よりもわかりやすい！」と共感をよび、18 万以上いいねされて話題に。
Twitter：@_Smitter2

TOMOMI（監修）

メイクアップインストラクター。
一流外資系ブランドで 10 年間活躍後、独立。現在は 3 万人以上の女性にメイクを施してきた確かな技術と実績を基に、「makeup studio TOMO」を主宰。 自身のメイクが紹介されたブログ、“スタバで同級生のスッピンを見せられ、「メイクってすごい！」とぼくは声高らかに叫んだ！”が、30 万人以上に読まれ話題に。
著書に『メイクが変わればあなたが変わる　一生モノのメイク術』（新星出版社）。
Instagram：@ tomomi_mukai

さよならブスメイク
自己流メイク卒業マニュアル

2020 年 2 月 20 日　初版発行
2022 年 10 月 27 日　第 6 刷発行（累計 3 万 9 千部※電子書籍含む）

著者　すれみ
監修　TOMOMI

デザイン　井上新八
DTP　小山悠太
営業　市川聡・吉田大典（サンクチュアリ出版）
広報　岩田梨恵子・南澤香織（サンクチュアリ出版）
制作　成田夕子（サンクチュアリ出版）
編集　大川美帆（サンクチュアリ出版）

発行者　鶴巻謙介
発行所　サンクチュアリ出版
113-0023　東京都文京区向丘 2-14-9
TEL 03-5834-2507　FAX 03-5834-2508
http://www.sanctuarybooks.jp
info@sanctuarybooks.jp

印刷　株式会社 光邦

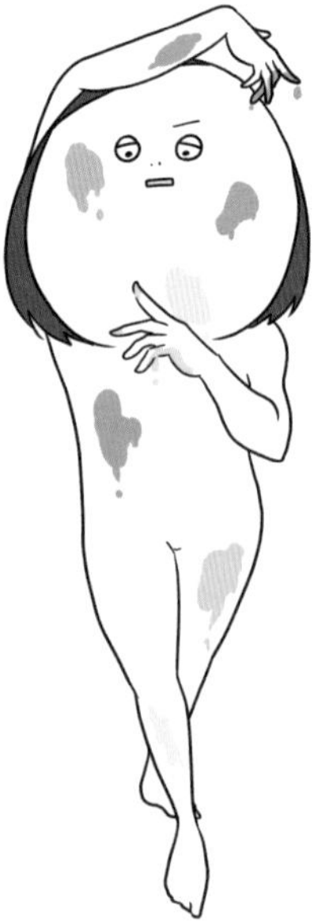